高校生にも
読んでほしい

安全保障
の
授業

参議院議員
佐藤正久

はじめに

終戦から70年という節目の年に、戦後以来の大改革ともいわれる「平和安全法制」をめぐる議論が行われています。この問題は、連日テレビや新聞でも取り上げられていますから、なんとなく「重要な問題なんだな」ということはわかっていただけると思います。

でも、若い人たちの中には、「そもそも平和安全法制ってなに?」「問題となっている集団的自衛権って?」など、実はどういうことなのかよくわからないという方も多いかもしれませんね。

たしかに、新しく平和安全法制ができると、これまでとなにがどう変わってくるのか、わかりにくいのも事実です。なにせ、ひとつの法案をめぐって、与党は「平和安全法制」といい、一部の野党やメディアは「戦争法案」と、まるで反対の言葉でその是非の応酬を繰り広げているのですから(だからといってどちらの陣営もまるで根も葉もない嘘八百を述べているというわけではありません。多少の誇張はありますが)。

それもそのはず、平和を実現するためには、武力を使わない**「対話(外交)」**と、武力を後ろ盾とする**「抑止力《よくしりょく》」**という、相反するものが必要だからです。

「対話」はもちろん、武力を行使することなく問題を解決するために行います。戦争をしないぞ、という「意思」を相互にもち、**信頼関係があってはじめて効力を発揮します。**

一方の「抑止力」ですが、これは「戦争という選択をしたら、そのほうがバカを見る」という「しくみ」だと考えていただければいいでしょう。たとえどちらかの国に戦争の「意思」があったとしても、**この「抑止力」が働いているうちは戦争にはなりません。**

この「対話」と「抑止力」はどちらが平和的でどちらが好戦的だと、簡単に割り切れるようなものではありません。どちらも平和を望むがゆえに、必要なのです。特に「抑止力」があれば、「対話」が進む側面もあります。

また、抑止力については「これまでの日米安保（日米相互協力・安全保障条約）で十分ではないか」、という意見もあります。

たしかに、冷戦終結まではそれでうまくいっていました。しかし、いまの日本は、かつてないほどの軍事的な脅威にさらされています。

アメリカの国力は相対的に弱まってきているといわれており、入れ替わるように力をつけてきた中国による尖閣《せんかく》諸島への領海侵入や東シナ海の日中中間線付近での巨大な海洋油ガス田開発基地群の建設や南シナ海での人工島建設問題、北朝鮮の弾道ミサイルの問題などに対処するには、これまでの日米同盟だけではうまく対応できなくなってきたのです。

日本をとりまく厳しい安全保障環境から、いかに国民の命を守っていくかについて国民みんなで真剣に考えていかないと、**これまでのように戦争放棄をアピールするだけでは、日本の平和と安全を保障することができなくなってきているのが実情なのです。**

2016年の夏の参議院選挙からは選挙権年齢が18歳に引き下げられ、若い人たちの国政への参加が広がります。日本の将来を中心となって担う人たちにこそ、この問題ときちんと向き合って、議論を重ねていただきたいというのが、私の政治家としての願いです。

不安や疑問があるのは当然です。

「集団的自衛権を認めるとアメリカの戦争に日本が巻き込まれるの?」

「自衛隊が戦地に出かけて日本の若者たちが命を落とすのでは?」

「自衛隊員が不足して徴兵制が復活するの?」

……などなど、根も葉もないデマまで、さまざまな情報が錯綜《さくそう》していますから、現役自衛隊員やそのご家族はもとより、これからの日本を中心になって担うことになる若いみなさんにとって、気がかりなことも多いでしょう。

本書は、これらの疑問を解消し、日本の安全保障の問題について、とくに若い読者の方に理解していただけるよう、できるだけシンプルかつ丁寧に説明しています。

私は元自衛隊員であり、実際にＰＫＯの現場で働いた経験もあります。

過度の武器の使用制限が現場の環境にマッチングせず、また、現場がその場その場で判断を迫られるような現状は、どれだけ危険なのかよくわかっています。

そして、私の息子も現役自衛隊員です。**大切な若い命を無駄にするようなことは、断じてさせません。**

本書を読んで正しい情報を得ていただき、ぜひとも日本と世界の平和について、一緒に考えていこうではありませんか。

参議院議員　佐藤正久

高校生にも読んでほしい安全保障の授業
目次

本書の講師

参議院議員
佐藤 正久
さとう・まさひさ

1960年10月23日、福島県生まれ。前職は陸上自衛官(最終階級は1等陸佐)。防衛大学校卒業。米陸軍指揮幕僚大学卒業。自衛隊イラク派遣では先遣隊長、第一次復興業務支援隊長を務める。口ヒゲをたくわえたその風貌から“ヒゲの隊長”として親しまれ、そのリーダーシップで現地の部族長や住民たちから厚い信頼を得る。2007年退官後、同年参議院議員選挙に自由民主党全国比例区から立候補し当選。参議院外交防衛委員会理事、防衛大臣政務官などを歴任。現在も意欲的に全国を回るとともに、ツイッターやHPなどを活用し国民に生の情報を発信しつづけている。著書に『ありがとう自衛隊』、『守るべき人がいる』、『ヒゲの隊長　絆の道』(いずれも小社刊)などがある。

高校生にも読んでほしい

1限目

集団的自衛権ってなに？

安全保障　業

世界大戦の反省が生んだ「集団安全保障」の概念

国会でも議論され、テレビ、新聞などでも見聞きすることが多くなった「集団的自衛権」ですが、その中身についてみなさんはどれくらいご存じですか？ その中身まではよくわからない、という方も多いのではないでしょうか。

言葉のままに解釈すると、「集団」で「自分たちの安全を守る（自衛する）権利」ということになります。ほかに解釈の余地のない、並んでいる言葉通りの意味です。

でも、これだけだと、どこにある集団の、どんな安全を守る、誰のための権利なのかわかりませんね。

このことは、本書全体の話ともおおいに関係してくることなので、この「集団的自衛権」の正確な意味についてきちんと説明したいと思います。でもその前に、集団的自衛権とよく似た言葉でちょっとまぎらわしい別概念の「集団安全保障」についての話をしたいと思います。

集団とは国家の集まり

集団安全保障といった場合の「集団」は、具体的なものを指しています。それは、「国家の集まり」です。

国家もそれ自体がひとつの集団ですが、ここで言っているのは、ひとつの国家ではなく、多数の国々が協力的に集まっている集団のこと。具体的には**国際連合***1（国連）がそのひとつです。

国連にはその前身となる国際連盟（League of Nations）という組織がありました。アメリカのウッドロウ・ウィルソン大統領の呼びかけにより、イギリス・フランス・日本・イタリアなどを中心に、１９２０年１月10日に発足した、初の国際平和のための機構です。

現代の感覚で捉えると不思議な感じがしますが、20世紀初めごろまでは、自分たちの国の発展や安全のためになら、戦争をする「権利」を各国がもっていました。

ところが、第一次世界大戦が勃発《ぼっぱつ》すると、欧州をはじめとする多くの国でこれまでにないほどの膨大な数の犠牲者が出ました。この悲惨な経験から、みんな「戦争

***1 国際連合**：United Nationsの略。第二次世界大戦中の連合国（イギリス、アメリカ、ソ連、中華民国など）を中心に1945年に設立された国際組織。国際平和の維持（安全保障）、経済や社会などに関する国際協力の実現を目的としている。

はもうたくさんだ」という気持ちになったのです。

そこで国際連盟が生まれ、戦争をしないということを国際社会全体の約束事にしたのです。この約束に反した国があった場合は、国際連盟が仲裁に入ることを制度化しました。身近に例えると、クラスメイトのひとりが約束に違反してクラスの誰かをいじめたら、ほかのみんなで協力していじめをやめさせる制度です。

これが、「集団安全保障」の考え方のはじまりです。国際連盟は1946年に解散しましたが、第二次世界大戦後に設立された国連も、この制度を受け継いでいます。そして、重要なのは、「集団安全保障」は「国際社会全体の安全を守る理念」というところです。

個別的自衛権と集団的自衛権

戦争は、**国連憲章**[*2]第2条4項ではっきり禁止されています。残念ながら、だから

*2 **国際連合憲章**：国際連合の設立根拠となる条約のこと。最後に改正されたのは、1973年12月。

といって世界から戦争がなくなったわけではありません。

たとえば、某国がある国に武力を使って攻め込んだとしましょう。この場合、攻め込まれた国は、具体的にどのような権利を行使することができるのでしょうか。

まず、自分たちの国が武力攻撃を受けたら行使することのできる、**「個別的自衛権」**があります。

通常、ある国が武力攻撃を受けたら、国連の**安全保障理事会**[*3]は必要な措置をとってくれます。しかし、すぐに国連軍が駆けつけてくれるとはかぎりませんし、安保理常任理事国である5か国（米英仏露中）のうち1か国が反対し拒否権を行使したら国連は動きません。ですから、その国には、それまで防衛のための武力を行使することが認められています。このように、その国が単独で行使する、防衛のために武力を行使する権利が「個別的自衛権」です。いわば、国の正当防衛です。

◉他国と手を組んで国を守る集団的自衛権

でも、相手が大きな国で、武力も自分たちを上回っていたらどうでしょう。

単独ではとても太刀打ちできるものではありません。そこで、こういうときは普

＊3 安全保障理事会：国連における最高意思決定機関のひとつ。世界の平和と安全の維持に重大な責任を持ち、その目的や権限は国連憲章に定められている。

段から協力し合っている国に助けを求めることができます。

これが、**「集団的自衛権」**です。

「個別的自衛権」と「集団的自衛権」。**これらふたつの権利は、国連憲章第51条で規定されている、すべての国がもつ権利で、当然、日本も保有しています。**

先ほど、「集団安全保障」は国際社会全体の安全を守る理念といいましたが、それに対して「集団的自衛権」は、同盟国や友好国との間でお互いに助け合うという意味で、より限定的なしくみといえるでしょう。

通常は、同盟国や友好国が武力攻撃を受けた場合、自国が攻撃を受けていなくても一緒に行動することができるとされています。

日本における集団的自衛権とは

日本は憲法で武力の行使を放棄しています。では、なぜ武力を有する自衛隊があるのでしょうか。不思議に思う方もいるでしょう。

けれども、個別的自衛権を考えれば、なにも不思議なことはありません。攻撃を受けたら、それを武力で防ごうとするのはあたりまえのことですよね。

問題は、集団的自衛権です。これまで盛んに議論されてきた部分ですね。

今もいったように、日本は主権国家で国連加盟国ですから、個別的自衛権も集団的自衛権も保有しています（中にはこれすら否定する政治家や憲法学者もいます）。

しかし、集団的自衛権に関しては**日本国憲法第9条**[*4]によって、持っているが行使できないという解釈が、過去には政府の間でもなされていました。

つまり**国連憲章第51条で認められた権利を、憲法9条の認める自衛の範囲を超えると自ら縛った**わけです。ただ、憲法9条の認める自衛の範囲は、日本をとりまく安全保障環境によってその上限を変えるべきですが、いまから43年前に当時の周辺環境に照らして「その上限を個別的自衛権までとする」と解釈してから、今日《こんにち》まであまり議論してきませんでした。

ところが、近年、日本の安全保障をめぐる環境が大きく変わってきました。国民

＊4 日本国憲法第9条：国権の発動たる戦争、武力の行使の放棄、これらを目的とした戦力の不保持などを、その条文に盛り込んでいる。

の命や国土を脅かすような、これまでと違う脅威がいくつも発生しているのです。

日本がいま一番危機感をもっているのが、中国と北朝鮮です。

たとえば、中国の国防費はこの10年で4倍増、中でも爆撃機は年々進化しています。また、北朝鮮のミサイルの性能も、今までより格段に向上しています。

特に中国は、日本に対して領空侵犯《しんぱん》するケースが増え、2014年度の航空自衛隊による対中国機**スクランブル**[*5]は460回を超え、過去最高のペースです。

東シナ海などでの中国による、一方的な防空識別圏の設定も、日中中間線付近の巨大な海洋油ガス田開発基地群建設も、もはや見過ごすことのできない深刻な状況です。

また、日本周辺のみならず、中東では**アルジェリアの人質事件**[*6]や、**ISILによる日本人人質殺害事件**[*7]もありました。まさに脅威はグローバル化しています。

こうした安全保障環境の変化については、2限目でさらに詳しくその経緯と現状を説明していきたいと思いますが、いずれにしても、このような情勢の変化の中でいかに国民の暮らしと命を守り抜くのかが、国政にとっての緊急の課題といえるで

＊5 スクランブル：外国の航空機の侵入に際し、迎撃機が緊急発進すること。
＊6 アルジェリア人質事件：イスラム系武装集団が2013年1月16日に引き起こした人質拘束事件。現地で働く10人の日本人犠牲者が出た。

しょう。そこで、「現状における必要最小限の防衛とはどの程度なのか」「個別的自衛権だけで十分なのか」という議論が必要になってきます。

その中で「主権国家として認められている集団的自衛権を行使しなければ国を守れない場合がある」ならば、法律を整備しなければなりません。自衛隊は法律がなければ行動できないため、結果として国民を守れないケースが起きてしまいます。

国家国民を守るために、これまでは目をつぶって見ないようにしてきた部分に危機感をもって対処しているのが、**「平和安全法制」**の議論なのです。

これまで日本は個別的自衛権にこだわり、集団的自衛権についての議論は先送りにしてきました。
近年、中国や北朝鮮の挑発行為など、日本の安全保障環境に大きな変化がみられるようになりました。国民の安全を守るためにも平和安全法制の議論が欠かせません。

＊7 ISILによる日本人人質殺害事件：イスラム国を名乗る、イラク、シリア地域のイスラム過激派組織による日本人人質の殺害事件。

平和安全法制の目的は日本と国際社会の平和と安全

まずは、平和安全法制の主要な論点をまとめてみましょう。

ひとくちに国民を守るための法制といっても、いつ、どういう状況に遭遇《そうぐう》するかによって、適用される範囲が違います。

危機管理というのは、何段階ものレベルがありますから、それら一つひとつのケースを想定しながら、細かく適用範囲を決めておかなくてはならないのです。

そこに、危機管理の難しさがあるのはたしかです。

そこで私は、平時から有事まで切れ目のない対応を可能にする平和安全法制の全体的な枠組を、左ページにあるような表にまとめてみました。しばらく、この表に沿ったかたちで説明することにしましょう。

左の表は、平和安全法制の全体枠組のイメージです。この表を見て、今回の法整備は、大きくふたつの目的からなっていることがわかると思います。

平和安全法制　全体枠組（イメージ）

目的	事態	主な活動	関連する主な平和安全法制
日本の平和・安全	平時	情報収集、 警戒・監視 アセット防護	改 自衛隊法
	グレーゾーン事態		
	重要影響事態	米軍などへの 後方支援 NEO、アセット防護	改 重要影響事態安全確保法 （周辺事態法〈改正〉）
	存立危機事態	機雷掃海、 BMD米艦防護 アセット防護	武力攻撃事態 改 対処法
	武力攻撃事態	島しょ防衛	武力攻撃事態 対処法

目的	事態	主な活動	関連する主な平和安全法制
国際社会の平和・安全	国際平和協力 （紛争前・紛争後）	国連平和維持活動 国際的な人道救援 国際連携平和安全活動	改 国際平和協力法 （PKO協力法）
	国際平和 共同対処事態 （紛争中）	国際紛争に対処する 米軍・多国籍軍への 後方支援	新 国際平和支援法

NEO：非戦闘員退避活動　　BMD：弾道ミサイル防衛

ひとつは、「日本の平和・安全」（上の表）に関する法律で、わかりやすく言えば、私たち日本人の生活の緊張度をいくつかのレベルに分け、主に自衛隊による、直接的な「国防」につながる活動の指針を示すものです。

もうひとつは、「国際社会の平和・安全」（下の表）に関する法整備。これも主に自衛隊の活動に関してのことですが、こちらは、海外での平和維持活動や人道復興支援、後方支援活動などの指針を示すものと考えればよいでしょう。従来、PKO[*8]や多国籍軍支援と呼ばれている活動を、拡充するかたちで整備したものです。

「日本の平和・安全」の中で想定される活動とは？

そこでまず「日本の平和・安全」についてですが、これはさらに細かく事態の推移に従って分けることができます。分類の基準は、緊張度の高さであり、表の中だと色が濃くなっているほうが緊張度＝危険性が高いということになります。

*8 PKO：国連平和維持活動。国連が受け入れ国の同意を得たうえで行う中立的な活動のこと。紛争の拡大防止、休戦・停戦の監視、治安維持、選挙監視などの活動に派遣された部隊や人員が当たる。

これを見ておわかりの通り、「平時」から「武力攻撃事態」まで、**あらゆる状況が切れ目なく想定されているのがポイントです。**

「平時」は、「戦時」あるいは「有事」の反対語で、戦争や事変のない、文字通りの平和な時のこと。これまで日本人は、自分たちがずっと平時にあると考えていたためか、平時以外の状況を想定して備えをするという意識がなかなか定着しませんでした。これは、防災や防犯・防火にもいえるかもしれません。

しかし、**有事になってから慌てても遅い**わけですから、平時からしっかりと準備をしておく必要があります。

「グレーゾーン事態」は、たとえば武装した外国の漁民が不法に日本の島に上陸したような場合を想定することができます。「平時」との境目はそれこそグレーですが、続いて説明する「重要影響事態」との境目もグレーといえるでしょう。

◉国際テロなどに備え、より実際的に

「重要影響事態」とは、かつての「周辺事態法」(「周辺事態に際して我が国の平和及び安全を確保するための措置に関する法律」。日本の安全に大きく影響する事態

＝周辺事態が起きた際に行う措置や、そのための手続きについて必要な事項を定めたもの）を改正して適用するような事態のことです。

これまでの周辺事態法は、主に朝鮮半島で緊張が高まったときなど、日本の近隣で発生した事態を想定していました。元来法律上は、その適用範囲を「日本周辺」には限らないとしてきました。ところが法律名の「周辺」のイメージと適用範囲がミスマッチのため、法律名を「重要影響事態安全確保法」に変更し、支援内容や支援地域もより柔軟かつ実際的にしました。

実際に、国際テロのような状況を考えれば、わかりやすいと思います。

海外にいる日本人は約330万人を超える一方で、国際テロは日本周辺だけでなく、中東やアフリカなど、世界中のいたるところで起こる可能性があります。

そこで、平和安全法制では地理的制約をはずしたわけです。そして、必要があれば、協力関係にあるアメリカ軍などとお互いに協力しあうために、後方支援も認めるというようにしています。

続いての「存立危機事態」は、集団的自衛権に関する議論の中で、これまでもっとも曖昧《あいまい》なままにされてきた部分といえるでしょう。

先ほどの「重要影響事態」と、このあと取り上げる「武力攻撃事態」の間におかれているというのは何を意味するのか。それは、日本がまだ直接攻撃を受けてはいないのだけれど、**そのまま放置していたら日本国民に犠牲が出る事態にまで発展するおそれがある**、ということです。そして、そういう事態において武力をもって対応するケースを対象にしているのが、「存立危機事態」なのです。

「存立危機事態」と「武力攻撃事態」の違う点がよりわかるように、具体的な想定状況を次に考えてみることにしましょう。

戦後の日本では、軍事について研究することですら、戦争を誘発するおそれがあるとしてタブー視してきました。
しかし、現実世界は日本の思い通りに動きません。あらゆる事態を想定して、それに備えておくことが、ひいては戦争を避けることにもつながるのです。

存立危機事態としての機雷掃海《そうかい》

27ページの図は、ペルシア湾・ホルムズ海峡とその周辺の地図です。ホルムズ海峡は、西のペルシア湾と南東のオマーン湾の間にある海峡で、古くから交通上、経済上、非常に重要な海のルートとされてきました。とくに現在は、ペルシア湾沿岸諸国で産出される石油の輸送路として、なくてはならない場所といえます。

これは、日本にとっても重要な輸送路です。日本関連の船舶だけでも3600〜4000隻ものタンカーが、毎年この海峡を通って日本にやってきます。地図の中の矢印線は、ホルムズ海峡を通ってアラビア海、インド洋、そして東シナ海を抜けて日本にやってくるタンカーの航路です。日本の油の道、いわゆる「オイルシーレーン」です。本当は、エネルギー安全保障上、油の道が一本というのは望ましくありません。本来、複数確保しておくことが大事なのですが、いまのところは、**このホルムズ海峡を通る一本が止まったら国民生活に大きな影響が出てしまいます。**

なにしろ、日本の船舶が年間3600〜4000隻通過するというのは、世界でもナンバー1です。これは、ペルシア湾と日本を結ぶ線上に約90隻のタンカーが常に浮いている計算になります。

このホルムズ海峡をめぐって、2012年、イラン議会に海峡を封鎖する法案が提出されました。イラン産原油の禁輸制裁を発動したEU諸国*9への対抗措置として、対イラン制裁を支持した国に向けて航行する原油タンカーに対し、ホルムズ海峡の通過を阻止するのが狙いです。

◉機雷の掃海には武力行使ととられる活動も

イランがこのホルムズ海峡を封鎖する軍事手段には、小型高速艇による水上戦力、魚雷搭載能力をもった潜水艦戦力、付近の島や沿岸に配備した対艦ミサイルなどいろいろありますが、もっとも効果的な手段は機雷です。

機雷はその破壊力はもちろんのこと、海中のどこに潜んでいるかわからないという心理的な効果が、狭い海峡ではとくに大きいのです。

そこで、この事態に備えようと、米軍を中心とする掃海（機雷を処分すること）

***9 EU諸国：**欧州連合に加盟する28の主権国民国家。外交・安全保障政策の共通化と通貨統合の実現を目的とする統合体。

演習が実施され、日本も参加しました。

ただし、掃海には爆破処分をするなど、種々のやり方がありますが、停戦前に、機雷を処理することは国際法上、武力行使にあたるため、処理をする場合はあらたな法律の整備が必要になります。

そして、機雷により油やガスが途絶し、日本に死活的な影響が出る場合などには、機雷掃海をしなければならない場合がありますが、この場合の武力行使は、日本の本土防衛のため「武力攻撃事態」とは異なります。

これが、「存立危機事態」に該当するケースです。この「存立危機事態」を想定した法整備がなされていなければ、日本のオイルシーレーンを日本人のために守る活動であっても、自衛隊は実際の機雷をひとつも除去することができないのです。

「存立危機事態」は日本がまだ攻撃されていない状態でも、そのまま放置していたら日本の存立や国民の命や暮らしに死活的な影響があり、ほかの手段では守れない場合に限り、必要最小限の武力行使が認められる事態です。

また、武力行使の際には「新3要件」という、集団的自衛権を使う際の前提とな

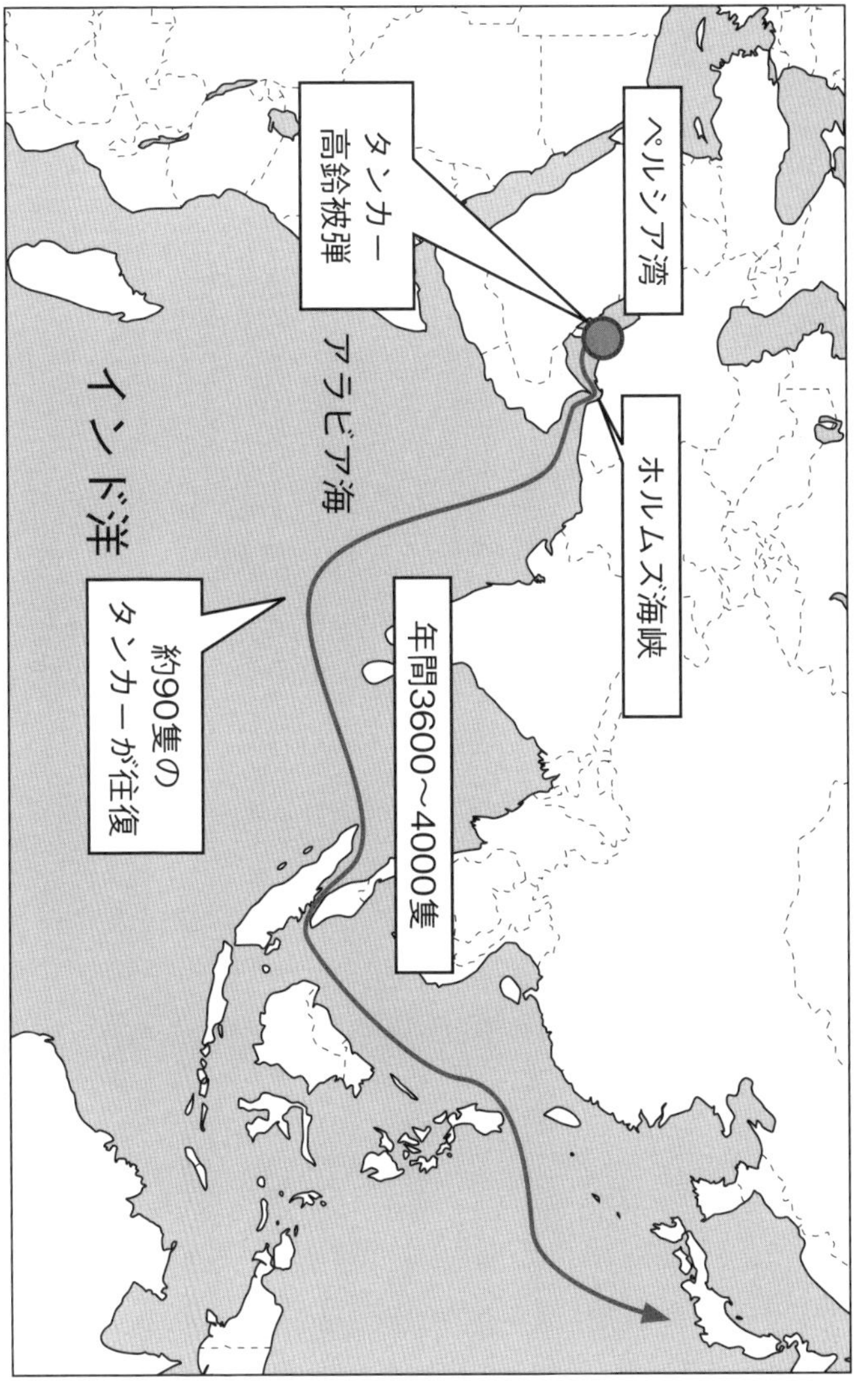
ペルシア湾
タンカー
高鈴被弾
アラビア海
インド洋
ホルムズ海峡
約90隻の
タンカーが往復
年間3600〜4000隻

日本のオイルシーレーン

る条件が安保関連法案には盛り込まれています。3要件の内容は、以下となっています。

1. 密接な関係にある他国に対する武力攻撃が発生し、我が国の存立が脅かされ、国民の生命、自由及び幸福追求の権利が根底から覆される明白な危険がある（存立危機事態）
2. 我が国の存立を全《まっと》うし、国民を守るためにほかに適当な手段がない
3. 必要最小限度の実力行使にとどまる

日米が互いの装備を防護する名目で守り合う!?

平時から有事まで切れ目なく日米で連携できる体制を整えておく案件として、もうひとつポイントになるのが**「アセット防護」**です。

「アセット」は装備品という意味で、平和安全法制では、日米でお互いの装備品を

守り合うことが平時から武力攻撃事態まで、すべての事態でできることになります。たとえば、警戒・監視を日本の**イージス艦**[*10]とアメリカのイージス艦がそれぞれ行っている時、これまでの法律では日本は日本のイージス艦しか守ることができませんでした。それを、お互いに守れるようにしようというわけです。

「アセット防護」が平時から行えるメリットは、**日米が集団的自衛権を行使する前の平時の段階から緊密な連携を図れることでしょう。**これにより実質的にお互いを守り合うことができます。自衛権を発動する前の段階から、事態が緊迫してもお互いに切れ目なく守り合う姿勢を取れるということは、個別に守っている時よりも力が強いのは当然でしょう。

これにより、平時から中国や北朝鮮などにとっては手を出しづらくなるわけです。「日米が切れ目なく守り合っている」と思わせるもので、これだけでも**抑止力が働くことになります。**

◉弾道ミサイル警戒中のイージス艦を守る

一方、弾道ミサイル発射警戒中の状況などが「アセット防護」の意義を理解する

＊10 イージス艦：200以上の目標を追尾し、10個以上の目標を同時に攻撃する高性能対空ミサイルシステム、イージスシステムを搭載した艦艇。

のにわかりやすい例です。

たとえば、日本のイージス艦とアメリカのイージス艦が警戒しているところへ弾道ミサイルが飛んできたとします。イージス艦は非常に高い性能をもっていて、弾道ミサイルを迎撃することができます。

ただし、迎撃するには高性能レーダーを使ってミサイルの弾道を計算しなくてはなりません。

このときレーダーは、その指向幅をミサイルに向かって細く絞られるため、レーダーを指向した以外のエリア、たとえば横が見えなくなるという弱点があります。

実際に北朝鮮はこれまでに数回、日本海に向けて弾道ミサイルを発射しています。日米のイージス艦が警戒中に北朝鮮の戦闘機が近づいてきたこともあります。

当然、これからも同様のケースは起こり得ます。そんな時、片方の艦が攻撃されている際に、もう片方の艦が守ってあげていれば、結果として日本にミサイルが落ちる確率は低くなるわけです。

いまの自衛隊では国際平和に十分貢献できない

続いて、平和安全法制のふたつめのポイントとなる「国際社会の平和・安全」について考えてみましょう。19ページの下段の表に相当する部分です。

私自身、現役自衛隊員の時、実際にPKOに行った経験が政治の世界に入るきっかけともなっていますから、国際平和協力については思うところがあります。

最初に国際協力に携《たずさ》わったのは、32歳の時でした。

当時、自衛隊から外務省に出向しており、カンボジアPKOの政策立案に関与し、現場にも行きました。その後、シリアとイラクの間の**ゴラン高原**[*11]に、国連PKOの日本の初代隊長として派遣され、43歳のときにイラク人道復興業務支援隊の初代隊長として派遣されました。

その後、自衛隊の国際平和協力任務は、国を守る防衛出動と同じ本来任務に格上げされ、これを機に防衛庁が防衛省となったのです。

＊11 ゴラン高原：1996年から2013年まで、自衛隊が国際平和協力業務の一環でシリアとイスラエルの国境沿いに位置するゴラン高原に派遣された。

ところが、任務は格上げとなったのに、現場の隊員の武器使用を含めた権限や処遇はそのままでした。任務の内容と実際の権限がはっきりと結びつかないまま、国際平和協力業務が防衛出動と同じ本来任務であるという、おかしな状況です。

◉遺書を書いた隊員もいた

実際、イラク派遣のときは、メディアを含めて、多くの日本のみなさんに心配をしていただきました。特に、初めて自衛隊が危ないところに行くということで、「戦死者が出るだろう」などと言われたものです。

隊員の中には、遺書を書いた隊員もたくさんいます。自分で桐《きり》の骨箱をつくって、そこに髪の毛と爪を切って入れてからイラクに赴いた隊員もいます。私自身、五体満足で帰ってこられない場合があるかもしれないという覚悟はありました。

家族の方々が心配するのも当然で、ご主人の無事を祈って毎日、陰膳《かげぜん》（派遣された隊員が出先で安全を脅かされたりしないように、家族が留守宅で食膳を供《そな》えること。安全祈願のひとつ）をされていた奥様の話も聞きました。

そういうみなさんの思いを、私は隊長として非常に重く受け止めたものです。

今回の平和安全法制が実現すれば、**国際協力の場でチグハグだった任務と権限が、ようやく国際標準に近づいたことになります。**

私自身、今回の国際協力の法整備には本当に期待をしていますし、与党協議会のメンバーとしてこの法案に深く関与してきた以上、責任をもって国民に説明をし、国会での審議をしっかり行っていくつもりです。

特に今回は、政治に大きな役割が求められています。

この法律が通れば、たしかに自衛隊の任務は国内外において増えるでしょう。当然リスクもあります。けれども、自衛隊のリスクがあるからといって、自衛隊が何もしなくてもよいわけではありません。国家国民のリスクを下げるために、自衛隊にはリスクを背負ってもらう場合があります。

しかし、これまでの個別的自衛権の範疇《はんちゅう》でも、国際協力でもそれは同じです。任務が増える以上は、政治もそのことをしっかりと覚悟しないといけないと思います。

派遣をした後に、それが実際の派遣計画と合っていないのであれば、勇気をもって修正するのも政治の仕事といえるでしょう。

現場で一番の悩みは武器の使用権限

現場で指揮を取った経験からも実感することですが、今回の平和安全法制における一番の拡充は、自衛隊員の武器の使用権限です。

私が派遣された当時、我々に与えられた武器使用の権限は、あくまでも正当防衛、緊急避難のときだけでした。

ほかの国はどうかというと、離れた場所で隊員が襲われた場合に助けに行く「駆け付け警護」、あるいは「警護任務」などで武器使用が認められています。

一方、自衛隊はというと、「正当防衛」、「緊急避難」という非常に抑制的・限定的なシチュエーションを除くと、ほかの国のように、国際標準的な任務と合致した武器の使用が認められていないのです。

具体的にどういうことが困ったかというと、まず駆け付け警護です。

宿営地の近くには、NGOの方や、日本のメディアの方がいましたが、そこで実際にジャーナリストの方が亡くなる事態が発生しました。

　こういうときは、武器を持たない文民やＮＧＯの方からわれわれ派遣隊に、「守ってほしい」という要請がくるのは当然です。

　しかし、実際はその行為は正当防衛を超えるので、我々は危険な目にあっている人のところへ駆け付けて行って守ることができないのです。これが、非常に大きなジレンマでした。

　また、隊員が15人、20人といった単位で学校や道路を直しに行ったり、病院・診療所の支援に行ったりします。これも重要な活動ですが、そういう離れた場所で活動している隊員が襲われた場合、本隊が武器を持って駆け付けて助けることができないのです。なぜなら、これも**正当防衛の範囲を超える活動に該当するから**です。

　これはきわめて異常な状況です。

　なにしろ、仲間が襲われているのに、同じ自衛隊員がその仲間を助けに行くことができないのですから。

　そんな軍隊など、世界中どこを探しても存在しません。

◉法律がなければ自衛隊は1ミリも動けない

私の部下隊員も、連絡員としてオランダの宿営地、あるいはイギリス軍やアメリカ軍の司令部にいました。

彼らは、なにかあれば隊長が何とかしてくれると信じていましたし、私も何とかしようという気持ちはありました。しかし、自衛隊には法律の縛りがあります。法律がなければ1ミリも動けないのが自衛隊です。そういうギャップには常に悩まされ続けました。

仮に宿営地の警備をしているときに、そこを迫撃砲やロケット砲で何回も撃たれたとします。大体は2〜3キロ先から撃ってきます。

当然、撃たれたら現場に急行して、脅威を排除しないといけません。しかし、そのときでさえ、武器使用を前提として行動できないのです。**現場に駆け付けたその時に彼らが逃げれば、攻撃を受けていないため、正当防衛ではないからです。**

自衛隊は現場まで行って排除できないということを、攻撃をしている側もわかっています。だから、撃つと同時に彼らは逃げます。そして、しばらくしたらまた撃ってくる。こんな、いたちごっこが繰り返されました。

人道復興支援のためや、自分たちの宿営地をつくるための資材を輸送するときにも、同様の問題が発生します。

日本からコンテナなどで送られた資材をクウェートに陸揚げして、そこから陸上輸送で隣のイラクの**サマワ**[*12]まで、２７０～２８０㎞を輸送しないといけなかった時のことです。

通常、どこの部隊もそうなのですが、こういう輸送の際には民間のコンボイ（輸送団）を使います。コンテナですから、大きなトレーラー数十台が連なって輸送を行います。しかし、クウェートとイラクの国境付近は治安が不安定です。イラク国内は、さらに不安定でした。自分たちの部隊の荷物は自分たちで警護をしないと国境を通過することが許されませんでした。しかし、我々には、警護任務が与えられていないのです。警護任務が与えられていないということは、そういう状況にあっても、武器の使用が認められないわけですから、**事実上、守ることができないわけです。**

＊12　サマワ：イラク戦争以降、オランダ軍が駐屯・治安維持にあたり、2004年からは日本の自衛隊が駐留、復興支援活動を行った。

そうなると、いつまでたっても荷物が届かなくなり宿営地もつくれません。人道支援もできません。それで困ってしまい、苦肉の策として、数十数台ものコンボイを、我々が「道案内」します、ということにしたのです。

前と真ん中と後ろに道先案内人をつけていますから表向きは「道案内」です。しかし、先導しているのは完全武装の装甲車。見た目は完璧な警護です。自分たちが撃たれたら、正当防衛で撃ち返すこともできます。

しかし、本来ならば、政治は現場にこのように無理をさせたり、悩ませたりしてはいけないはずです。さすがにこれは、今般の平和安全法制の中で、PKO協力法の改正案によって、警護をできるようにしておりますが。

◉妙な理屈をこじつけなければ邦人救助もままならない

また、私が派遣されたPKOではないのですが、**東ティモール**[*13]のディリの市内で暴動が起きて、日本食レストランの調理人から「助けてくれ」と自衛隊に要請がきたこともあります。しかし、これも助けに行けません。やはり武器使用の権限がないからです。

＊13 東ティモール民主共和国：東南アジアの共和制国家。1999年、国連主導の住民投票によりインドネシアの占領から解放され、2002年に独立。

どうしたかというと、「あれ？　たまたま隊員が休暇で外出している」、「じゃあ、あいつを迎えに行こう」という設定で迎えに行ったのです。

そこでさらに、「あれ？　車に座席の余裕があるね。じゃあ余席があったからついでにレストランの調理人も乗せていこう」という設定で助け出したのでした。

こういう妙な理屈で、現場は乗り切っていました。

政治はこうした無理を、今までずっと現場に押し付けてきたのです。

●国際平和協定のためにも法律の縛りは取るべき

今も**南スーダン**[*14]にＰＫＯで自衛隊が派遣されています。南スーダン軍が道路工事をやるために工兵部隊に対して、自衛隊に建設機材の使い方を教えてほしいということがあったとします。

しかし、今の法律のままですと、他国軍の支援はできません。いくら工兵部隊や医療部隊に技術を教えようと思っても、国軍の支援になってしまったらできないのです。

また、私が派遣されたシリアのゴラン高原では、ほかの部隊と一緒に宿営してい

＊14 南スーダン：東アフリカに位置する国家。2011年にスーダン共和国から独立。自衛隊が派遣され、道路等のインフラ整備などを行っている。

ました。同じキャンプの中に何個かの部隊があったのです。しかし、現状のままでは共同警備ができません。自衛隊は武器使用が限定されているからです。

我々が行ったときのゴラン高原では、周りはカナダの**兵站《へいたん》部隊***15でした。カナダの兵站部隊と自衛隊とではどちらが能力が上かというと、誰が見ても自衛隊です。しかし、自衛隊が他国軍のために共同で警備をすることはできませんから、警備はカナダの兵站部隊が行うことになります。そして、カナダの兵站部隊がやられてしまったら、自衛隊もやられてしまいます。そうであるなら、初めから一緒に宿営地の周りを警備したほうが理にかなっています。

南スーダンにおいても、ルワンダ軍とバングラディシュ軍が守ってくれていて、その後ろに自衛隊がいるのですが、一緒に守ったほうが圧倒的に合理的です。

以上のような、従来の法律による縛りが生む摩訶《まか》不思議な状況が、今回の法律の国際平和協力の部分で、やっと解消されることになります。

人道支援や後方支援は、自衛隊の得意な分野で実績もあります。

***15 兵站部隊**：兵站は、戦闘地帯より後方に置かれ、軍の補給、連絡線の確保などに当たる活動の総称。それを担う部隊のこと。

今までのさまざまな苦い経験と教訓、あるいは国際社会のニーズをできるだけ取り入れる必要があるでしょう。

国際社会の一員として、**「自分さえよければそれでいい」のではなく、自分たちのもてる能力の範囲内で、しっかりと貢献をしていくことが求められます。**

そういう分野でしっかり対応しようというのが今回の平和安全法制における、**「国際社会の平和・安全」に関する部分の最大の目的**です。

戦後、自国の復興を最優先していた日本では、一国平和主義的な考え方が主流でした。しかし、現代はグローバル化が進み、多くの国々が連携して国際問題に対処していかなければならない時代です。
一国平和主義的な考え方は国際社会では受け入れられません。自衛隊ならではの得意な分野を世界平和に活かすためにも、自衛隊の動きを縛りすぎている現在の状況は、ぜひとも変えていくべきでしょう。

まれなケースも想定してあらゆる国際平和協力に対応

次に「国際社会の平和・安全」を支えるふたつの目的、「国際平和協力」と「国際平和共同対処事態」について見てみましょう。

19ページの表に再び目を転じていただくと、「国際平和協力」は、国際平和協力法（PKO協力法）で対処する分野で、緊張の度合いの少ない活動であることがわかると思います。紛争が始まる前か、紛争が終わった後の人道支援と考えればよいでしょう。

一方、「国際平和共同対処事態」は、より緊張度の高い支援活動。紛争中に多国籍軍などへの後方支援を行うのは、こちらです。たとえば、**アフガニスタン紛争**[*16]の時、海上自衛隊はインド洋で給油支援をしました。民主党に政権交代した際に中止となってしまいましたが、それなどが該当する活動です。

さらに細かく見ていくと、「国際平和協力」には、「国連平和維持活動」「国際的

＊16 アフガニスタン紛争：アフガニスタンで1978年から断続的に発生している紛争。ターリバーン、アルカーイダほかの武力集団が関与している。

な人道救援」「国際連携平和安全活動」などの活動があります。

「国連平和維持活動」は、国連が紛争地域の平和の維持を図る手段として行ってきたもので、紛争当事者の間に立ちながら、停戦や軍の撤退の監視など、紛争解決の支援を目的とする活動です。

新しい法案では、国連平和維持活動の司令官に自衛隊員を派遣することが可能になりますし、武器使用に関する規定も緩和されることになります。

●平和安全法制で多くの国際平和活動に対応できる

「国際的な人道救援」は、紛争により発生した難民の救援や、紛争によって生じた被害の復旧のために、国連平和維持活動以外の形態で行われる活動のことです。**国連難民高等弁務官事務所**[*17]（UNHCR）や**世界保健機関**[*18]（WHO）など、さまざまな機関が活動を行っています。自衛隊はUNHCRの要請を受け、ザイールでのルワンダ難民支援活動を行いましたが、これに該当する活動です。

「国際連携平和安全活動」は、国連が直接は関与しない有志連合による人道支援です。私が派遣されたイラク人道復興支援もこのタイプにあたります。

＊17 国連難民高等弁務官事務所：1951年設立。国連の難民問題に関する機関。
＊18 世界保健機関：国連の専門機関のひとつ。保健事業の指導、衛生条約の提案、情報・援助の交換などが主な業務。1948年設立。

国連ではない有志連合といっても、ほとんどの場合、国連の決議は必要ですが、万が一その条件を満たさなくても活動ができるようにしています。

これらは、非常にまれなケースまで想定してのものなので、ここまで視野を広げておけば、大体の国際平和協力は行えると考えてよいでしょう。ただし、次に挙げる「国際平和共同対処事態」について、日本の自衛隊はかなり制限をかけられたかたちとなっており、ほかの国とまったく同じ活動ができるわけではありません。

事前の準備をしっかりするには恒久《こうきゅう》法が必要

たとえば、ほかの国はさまざまな武力行使が可能で、状況によっては掃討《そうとう》作戦も実行できます。

一方、自衛隊は、武力行使を目的とした派遣はどんな場合も認めていません。あくまでも紛争前や紛争後の人道支援か、たとえ紛争中であっても活動は後方支援にかぎられます。また、その後方支援の活動場所についても、戦闘が起きていないところに限定されます。つまり、安全性が確保されたうえでの後方支援なのです。

このように制限が加えられた活動に、果たしてどこまで妥当性があるのかについては議論の分かれるところでしょう。しかし、憲法9条がある以上、それが前提になるのは当然です。

また、自衛隊の訓練、あるいは装備の充実度というものをしっかりと考慮に入れておかなくてはなりません。現場の部隊が備えている能力を考慮せず、政治が一足飛びに「これをやれ」と言っても無理なのです。

このように、現場と政治の要求とを、うまくすり合わせながら活動しないといけません。まだまだ課題は山積みです。とはいえ、一度にすべてを変えることはできません。私としては、とりあえず現段階の平和安全法制で十分だと考えています。

とりわけ、大事なのはこれらの法案が**恒久法**[*19]として提出されているということです。たとえば、イラク戦争後の人道支援活動を行うために2003年に成立した**特別措置法**[*20]は、4年間の時限立法でした。2年間延長したものの、2009年には失

＊19 恒久法：有効期間を限定しない法律。

効し、今はありません。

すると、どういうことが起きるのかというと、自衛隊がそれに対応する訓練をあらかじめ行うことができないという問題が発生するのです。想定する状況がないのですから、これはどうしようもありません。

平和安全法制を恒久法とすることで、法律に基づいて部隊行動基準をつくり、日ごろからじっくりと時間をかけて訓練ができるようになります。これによって隊員が、安心して活動に従事できるようになるわけです。

そして、事前準備がしっかりとできれば、それだけ活動の安全性も高まるということです。

さらに国際社会が連携をしてことにあたろうとする際に、法律があるために早めに国連と調整や情報収集ができ、自衛隊の得意な活動を比較的治安のよい場所で行うことが可能になります。実際にイラクでサマワの選定に苦労しました。

*20 **特別措置法**：緊急事態などに際して特別に制定される法律。

国民のリスクも自衛隊員のリスクも減らす

平和安全法制の国会論戦では、「自衛隊員のリスク」についてもさまざまな議論が飛び交っています。反対派から出ているのは、「自衛隊員が殺し、殺される可能性が圧倒的に高まる」という意見です。自衛隊員のリスクを引き合いに出し、平和安全法制に反対の姿勢を示すわけです。今まで自衛隊の手足を縛っていた人たちに限って、今度は急に自衛隊員のリスク論を持ち出してくる。それをもって「戦争反対」、「法案反対」のイメージキャンペーンを張っているのです。

元自衛隊員である私の経験からいえば、**自衛隊の任務でリスクを伴わないものはありません。**国内の災害派遣であろうと、多かれ少なかれリスクはあります。

これまでも、法律の枠の中で、現地の指揮官がさまざまな条件や状況を考慮しながら、部隊の士気を高め、団結を強めて、リスクの軽減に努めてきました。

新たな任務が増えれば、新たなリスクが生ずるのは当然でしょう。

しかし、「リスクがある、高まる」からといってやらなくていいのかといえば、そんなことはありません。リスクがあるのは、なにも自衛隊だけではありません。警察官や消防隊員の任務も、それとまったく同じです。

今の国会の議論を聞いていると、実態や本質とはかけ離れた机上の空論に思えてしかたがありません。今回の法案は、日本の安全と平和を守るための法律事項であり、自衛隊員がリスクを負うことで、国民のリスクを軽減するのが狙いです。

もちろん自衛隊員も、現場でできるだけリスクを軽減することに努めます。どこの国でも行っている、**ごく当たり前のことを当たり前にできるようにするための法整備**なのです。

リスクはあっても、自衛隊員は国民を守るために任務を遂行します。政治は、現場で彼らがしっかり動けるような柔軟性をもった法律を定めるのが仕事です。

国家や国民の利益のために、自衛隊がリスクを負ってでも任務を遂行することを大前提として、本質的な議論をすべきでしょう。

切れ目なく守り合う体制が日本の安全につながる

今回の法整備によって、間違いなく抑止力は高まります。抑止力は、相手が下手に手を出したら「自分の損害が大きい」とか、「手を出しても効果がない」と思われなければ意味がありません。日米の連携が強固になることで抑止力が高まれば、当然、国民のリスクは軽減されます。

繰り返しになりますが、平和安全法制の最大のポイントは、平時から有事まで、**切れ目なく日米が相互に守り合うことができるようになる点**です。

政府の説明を聞いていると「日本がアメリカを支援する」という面が強調されているように思う人もいるかもしれませんが、実際には、アメリカも日本を支援するのです。

また、平時から有事までとはどういうことでしょうか。

これまでは、日米が合同で訓練中になにかの事態が起き、アメリカの船が攻撃を受けても、「平時」であるために日本は守ることができませんでした。しかしこれからは、まったく同じ状況で、日本もしっかりと行動することができるのです。すなわち、**「助けられる」自衛隊から、「助け合う」自衛隊になる**のです。それが結局は、日本の安全保障のためにもなることは、本章でご説明した通りです。

「平時」も、「グレーゾーン事態」も、「存立危機事態」も、それぞれの段階で切れ目なくお互いに守り合う体制をつくる。国民の平和と安全を守るのに、まずはこれが大きな一歩となります。

平和安全法制は、日米の協力体制や紛争地帯での支援活動を切れ目なく行えるようにするという意味で、大きな前進だといえるでしょう。
自衛隊の動きを縛るのではなく、海外での自衛隊の明確な行動基準をつくることが、無用な緊張感を生むことなく平和裏に活動するための最善の策となるのです。

高校生にも読んでほしい

2限目

日本の身近にある**脅威**とは？

安全　　の授業

日本は本当に安全な国？

集団安全保障の理念が、世界の秩序を保つために必要なものであることは、1限目の話から理解いただけたことと思います。

「日本は戦後、平和憲法を世界に向けてアピールしてきたから、戦争に巻き込まれず平和な世の中でいられた」という考え方は、もはや現在の安全保障環境では通用しにくくなっているということも説明いたしました。

では具体的に、どのように変化してしまったのでしょう？

いま、日本の近海では数え切れないほどの国家主権を脅かす事案が発生し、領土問題にまで発展しようとしています。

遠い世界のどこかで起きている問題では決してありません。まさしく**私たち日本国民の生活と直結した、身近に存在する脅威**なのです。

そのことを知っていただくために、まずはみなさんにご覧いただきたいものがあります。54～55ページに掲載した、日本戦略研究フォーラムが製作した『東アジア地勢図』です。

みなさんはこれを見て、どのような印象をもたれたでしょうか。

この地図は、ユーラシア大陸側から太平洋側を眺めた視点で描かれた、いわば「逆《さか》さ地図」ですから、最初はこれが日本列島であることすら認識できないかもしれません。地図には、日本全体と東南アジアの北側の一部が含まれています。

上に北海道があって、本州、四国、九州、沖縄と下に連《つら》なっていく姿が、日本人にとってはもっともしっくりくる地図でしょう。あの地図を見ていると、日本列島というのは四方を海に守られた、本当に平和で安全で、とても穏やかな国なんだな、と思えてきます。

ところが、それは思い込みかもしれないのです。

たしかに日本は70年にもわたって、戦争状態にありません。一方、世界では紛争が続き、さまざまな国の人たちの命が奪われています。そのことを考えれば、日本

製作：日本戦略研究フォーラム

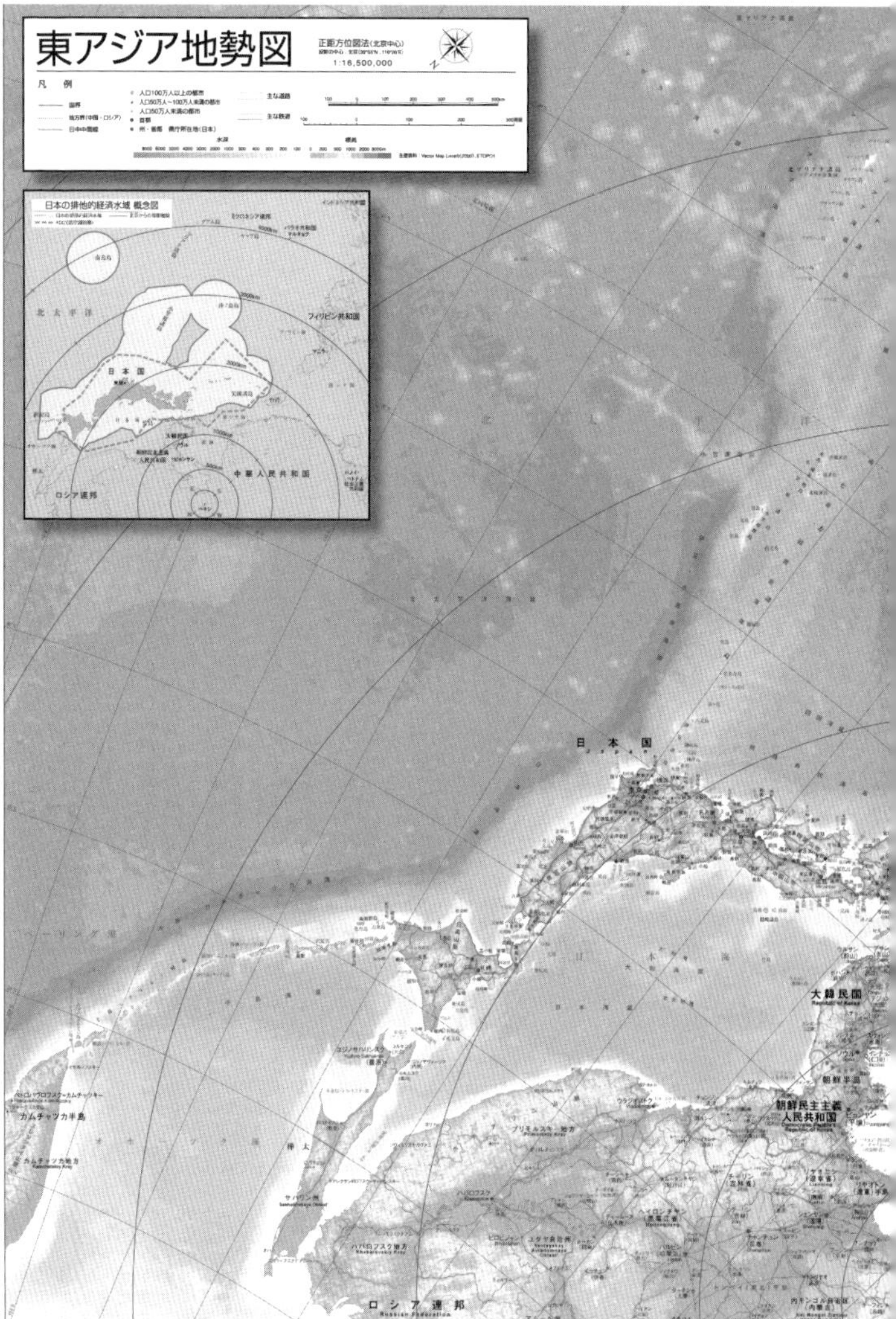
東アジア地勢図
正距方位図法(北京中心)
1:16,500,000
凡　例
日本の排他的経済水域 概念図
フィリピン共和国
日本国
中華人民共和国
ロシア連邦
日　本　国
大韓民国
朝鮮民主主義
人民共和国
カムチャツカ半島
カムチャツカ地方
ロ　シ　ア　連　邦
Russian Federation

は平和な国といってもいいのかもしれません。

しかし、**ここ数年だけでも日本の周辺では数え切れないほど国家主権を脅かす問題が発生しています。**

実際、日本の「平和と安全」は、日本人が考えているほど安泰ではなくなっていることを、まずは確認してみましょう。

日本の領土は外国に邪魔な存在と映る

いま一度、逆さになった日本地図から、日常生活ではなかなか見えてこない「現実」を読み取ってみましょう。世界情勢などの知識はなくても、ご覧いただくだけで十分です。逆さから地図を見るだけで、これまでは思いもよらなかったような日本の状況がいくつもわかってきます。

この場合、国防の観点から「外国は日本のどこをどう狙っているのか。どこが狙いやすいのか」ということを頭に入れておかなくてはいけません。その際に必要なのが、北側（中国、ロシア、韓国、北朝鮮側）から南方面（日本）を見るという視点、すなわち「逆さ地図」の視点です。

多角的に物事を見ることはとても大切です。ひとつのシミュレーションゲームだと思って考えてみましょう。

あなたは中国あるいはロシアの軍事戦略担当です。自分たちの艦隊で太平洋へ進出するにはどうするのが一番よい方法か考えてみてください。

いかがですか？　日本列島さえなければ、とてもスムーズに太平洋に進出できますね。中国やロシアが海に出ようとする時、日本列島はどう映るかという質問の答えがそこにあります。

大陸側から見ると、択捉島《えとろふとう》から与那国島《よなぐにじま》に至る日本列島は、太平洋への進出を阻むフタのようなもの。

そうです、**とても邪魔な存在として映るのです。**

日本列島は中国やロシアにフタをしている

日本地図を逆さにしたことで、中国やロシアから見て日本がいかに邪魔なのかが見えてきました。

たとえば中国が太平洋に出るためには、東シナ海を抜けていくのが最良の方法となりますが、中国から見ると沖縄など南西諸島が横に長くフタをしているように見えるわけです。そこで、中国が沖縄本島まで押さえることができたら、かなり有利になるでしょう。つまりこれが、中国が**尖閣諸島**[*1]を欲しがる狙いのひとつなのです。

しかし、尖閣諸島は、その後に**南西諸島**[*2]に圧力をかける、あるいは手に入れる足がかりにすぎません。

中国が南西諸島を欲しがるのには、もうひとつ理由があります。**横須賀やハワイにいる米海軍の空母の牽制《けんせい》です。**米軍の空母は、台湾の統一と領域拡大を目指す中国にとって、これも非常に邪魔な存在です。

*1 **尖閣諸島**：東シナ海の南西部にある日本の島嶼群で、総面積は約5.56㎢。戦前は日本人が居住していたが、1940年ごろ以降はいずれも無人島。

*2 **南西諸島**：九州南端から台湾北東にかけて位置する島嶼《とうしょ》群。

そこで、中国は潜水艦を沖縄の南東の太平洋側に潜ませます。空母にとって潜水艦は脅威ですから、米軍の空母は怖くて台湾や沖縄に近づくことができません。中国の潜水艦が宮古《みやこ》海峡を抜けて東シナ海と太平洋を行き来するのはそのためです。

中国の漁船がひんぱんに現れるのは、単なる漁業や挑発が目的ではなく、潜水艦への空からの監視の目を逃れさせたり、音をかき消したりするための場合もあります。そうしている隙に、潜水艦は太平洋側に通り抜けることができます。

尖閣諸島沖での中国漁船による**衝突事件**[*3]は、その一例を示すとの見方もあります。隙あらば中国は尖閣諸島を武力で占拠し、さらには沖縄本島までも狙っているのです。

もちろん中国は、今後も**南シナ海**[*4]への海洋進出を続けるでしょう。アメリカが外交努力に加え、各種軍事協力を通して南シナ海における再均衡を推進できるかどうかが重要です。

軍事的にはフィリピンに米軍基地を再配備するのが理想ですが、アメリカの軍事費は減少傾向にあり、現実的ではありません。日本はフィリピンに巡視船を供与す

＊3 尖閣諸島中国漁船衝突事件：2010年9月7日、尖閣諸島付近で操業中の中国漁船と、違法操業として取り締まった海上保安庁との間で発生した事件。

＊4 南シナ海：中国、台湾、フィリピン、ブルネイ、マレーシア、ベトナム、↘

ることを決めましたが、軍事的な支援はかぎられています。そこでマレーシアやベトナム、インドネシアといったASEAN諸国[*5]の自助努力で南シナ海における中国の進出を押さえてもらうしかないのですが、すでに中国は埋め立てで人口島をつくり、そこに港や滑走路を着々と整備するなど、ことは急を要します。

●集団的自衛権は弱い国の切り札

その意味で、集団的自衛権は外交上の弱者にとって重要な切り札になります。たとえばウクライナがクリミア危機[*6]を招いてしまったのは、北大西洋条約機構（NATO）[*7]に加盟していなかったというのも理由のひとつに挙げられると思います。

アメリカのオバマ大統領もイギリスのキャメロン首相も、対ロ制裁を打ち出しはしましたが、自国軍の犠牲を払ってまでロシアからクリミアを守ろうとはしませんでした。

国連も、安全保障理事会の常任理事国であるロシアにはうかつに手が出せません。また国連は、ベトナム沖で石油採掘の探査をしていた中国に対しても介入を見送りました。中国もまた常任理事国であり、拒否権が行使されれば、国連は動けないか

↘インドネシアに囲まれた海域の名称。

*5 ASEAN：東南アジア諸国連合。東南アジア10か国の経済・社会・政治・安全保障・文化に関する地域協力機構。本部はインドネシアのジャカルタ。

らです。ロシアのクリミア編入と、中国の南シナ海への海洋進出。**どちらも国連の事情を見越した行動といえるでしょう。**

むろんベトナムは南シナ海において集団的自衛権を組む相手がいないので、中国の領海侵入に対して打つ手がありません。

フィリピンが中国に隙を突かれて滑走路を建設され、慌ててアメリカに防衛協力を要請しているように、中国は軍事力の格差を突いて弱いところへ攻め込みます。だからこそ中国に対し、日米とASEAN諸国が協力体制をとることは、南シナ海における力の均衡を保つうえで必要なのです。

日本地図を逆さまにすると、中国、ロシア、朝鮮半島など、近隣諸国の日本に対する軍事的な戦略意図がみえてきます。
大国の覇権主義、膨張政策にとって日本は邪魔な存在。そのことをまず知っておきましょう。

＊6 クリミア危機：2014年、クリミア半島の帰属を巡ってロシアとウクライナの間に生じた政治危機。これにより、クリミア半島はロシアに編入された。

アメリカの抑止力低下を狙う中国

2015年5月26日、中国は「国防白書」を発表しました。その中で中国は、軍の方向性について**陸軍偏重**から**海軍重視**への切り替えを表明。また、海軍を近海防御型から遠洋護衛を含む複合型へ、空軍を領空防護型から攻防兼務型へ方針転換することを明言しています。

これは、アメリカと肩を並べる大国にのし上がっていこうとする覇権主義、華夷思想そのものです。

中国に対して、国際法を盾にしても穏便な紛争解決の道はなかなか開けません。「国力に応じ、国境は変化する」という「戦略辺疆《へんきょう》」なる思想が法理念よりも優先され、それが中国を海洋支配に向かわせているからです。

海洋支配に乗り出した中国が最初に目を付けたのが、ベトナムが中国と領有権を

***7 北大西洋条約機構：**北大西洋条約に基づき、アメリカ合衆国、カナダ、ヨーロッパ諸国によって結成された軍事同盟。

争い、中国が実効支配している南シナ海の**西沙**《せいさ》[*8]**（パラセル）諸島**です。

１９５４年、第一次インドシナ戦争が終結し、**ジュネーブ協定**[*9]によってフランスはインドシナから撤退しました。そして、その隙を突いて中国が西沙に軍事侵攻し領土の半分を占拠してしまいました。

さらにベトナムの南北分断後、南ベトナムを援助していたアメリカが撤退すると、１９７４年に中国は南ベトナムと交戦し、残りの領土も占拠します。そして２０１２年には、**永興島**[*10]に「三沙市人民政府」という南シナ海の諸島と水域を管理する市政府を樹立したのです。

続いて中国は、ベトナムの南沙《なんさ》諸島の６つの岩礁に加え、一昨年にはフィリピンが実効支配している中沙《ちゅうさ》諸島の**スカボロー礁**《しょう》[*11]を奪取しています。フィリピンには以前、クラークとスービックという米軍基地がありましたが、それぞれ１９９１年と１９９２年に返還されています。フィリピンは、米軍撤退後に自助努力を怠った結果、１９９５年に中国に**ミスチーフ礁**[*12]を占拠されてしまいました。

＊8 西沙諸島：南シナ海に浮かぶ小島群。ほとんどを中国が実効支配している。
＊9 ジュネーブ協定：第一次インドシナ戦争を終結させるために1954年ジュネーブで取り交わされた休戦協定。ベトナムの南北分断の原因となった。

南シナ海

①〜⑨は最近の中国の軍・海上法執行機関等による活動のあった地点を指す。内容は左ページ参照。
中国
台湾
香港
西沙諸島
⑦
②
中沙諸島（暗礁）
フィリピン
④
ベトナム
⑧
⑨
南沙諸島
③
⑤
ブルネイ
①
⑥
マレーシア
シンガポール
インドネシア

***10 永興島（ウッディー島）：** 西沙諸島（パラセル諸島）の島のひとつ。中国、ベトナム、台湾が領有権を主張する。

中国による南シナ海進出関連年表

1950年代	フランス軍撤退 **→中国、西沙諸島の半分を占拠（南ベトナムも同時期に西沙諸島進出）**
1973年	南ベトナムよりアメリカ軍撤退 **→中国、西沙諸島全域支配（南ベトナム撃退）**
1975年	南ベトナム崩壊（ベトナム戦争）
1980年代半ば	在ベトナムのソ連軍が縮小 **→中国、南沙諸島進出**
1988年	**中国、南沙諸島6か所占拠**
1992年	フィリピンのアメリカ軍撤退 **→1995年、中国、ミスチーフ礁占拠**
2000年代	**中国、南シナ海南部進出**
2012年	**中国、スカボロー礁を事実上支配**
2014年～	**中国、南沙諸島において大規模埋立実施**

南シナ海における中国軍等の主な活動事例

①ナツナ諸島周辺：インドネシア巡視船を砲の照準を合わせて威嚇
②ベトナムの沖合：ベトナム資源探査船の作業を妨害
③ハンガード礁周辺：ベトナム資源探査船の航行を艦船で妨害
④スカボロー礁：フィリピン艦船と対峙
⑤セカンドトーマス礁：艦船を派遣しフィリピン軍の補給を妨害
⑥南コルセア礁周辺：艦船を派遣。ジェームス礁周辺でも艦艇が活動
⑦トリトン島南方：オイルリングを展開し、ベトナム艦船と対峙
⑧リード礁：海警船舶が標識を投下し、フィリピン船舶の航行を妨害
⑨スビ礁周辺：フィリピン航空機に強力な光を照射、退去要求などを行う

※防衛省「南シナ海における中国の活動」をもとに作成。

＊11 スカボロー礁：フィリピンのルソン島西にある南シナ海の中沙諸島を構成する環礁。

◉大国の力が弱まったところを狙う

要するに中国は、大国の抑止力が衰え、南シナ海におけるパワーバランスが崩れた隙を突き、領海侵入を繰り返しているのです。

大国・アメリカといえども、この状況では戦争でもしないかぎり、中国を止めるのは困難です。南シナ海全域で、中国が軍事力を展開し、力をもって国際秩序を変える思想が強まりを見せるのは、そこがアメリカの力が及びにくい空白部分だからでもあります。

南沙諸島の岩礁・暗礁は満潮時には水没して島の形状が不確実となるため、国連海洋法条約による島の基準には当てはまりません。

したがって、中国による岩礁・暗礁の埋め立てによる人工島建設は国際法上、違法と明確に断定できません。極めてグレーな状態です。

今後、漁船団や海洋資源開発などによる経済活動が活発化し、国際法上の要件を満たすことで、中国が自国の領土や**排他的経済水域**[*13]（**EEZ**）であると主張することは、十分に考えられます。

＊12 ミスチーフ礁：南沙諸島の環礁のひとつ。中国が建築物を建て、実効支配している。

中国の軍事費の伸びはここ10年で4倍に

米中間における軍事的衝突の潜在的可能性としては、中国の「A2／AD」と呼ばれる軍事戦略のことも見逃せません。この戦略は、**接近阻止**（Anti-Access＝A2）、**領域拒否**（Area Denial＝AD）をすることで軍事バランスを中国側に引き寄せ、アメリカをアジアから排除するというものです。

接近阻止とは、具体的には中国の軍事作戦に対するアメリカ軍の介入を阻止するための戦略のことです。沖縄から台湾、フィリピンを抜け、南シナ海を包み込む「第一列島線」および小笠原諸島からサイパン、グアムを通り、ニューギニア島に至る「第二列島線」で行われている中国の軍事作戦が対象です。

領域拒否のほうは、第二列島線内の海域においてアメリカ海軍が自由に作戦を展開することを妨害するための作戦です。

西沙諸島、南沙諸島、そして中沙諸島のスカボロー礁に人工島などの拠点をつく

＊13 排他的経済水域：国連海洋法条約が設定した天然資源及び自然資源に関する主権的権利や、人工島の設置、環境保護といった管轄権が及ぶ水域。

れば、南シナ海を縦断するラインが完成します。将来的には南シナ海に防空識別圏を設定し、中国海軍の艦艇が寄港する海洋拠点を増やしていくのが目的です。これによって、航空優勢と海上優位は盤石《ばんじゃく》となります。

そして、中国のA2／AD戦略を実現するための最強の武器が潜水艦です。今後、中国の潜水艦が常時寄港できる施設が、海南島に加え南沙諸島に整備されれば、南シナ海のパワーバランスは大きく変化するでしょう。

◉魚雷を当てなくても撃沈できる潜水艦の脅威

じつは、潜水艦はもっとも費用対効果の優れた兵器です。2010年3月26日、韓国と北朝鮮の軍事境界線近海の黄海海域で、韓国の哨戒《しょうかい》艇・天安が北朝鮮の小型潜水艇から発射されたたった一発の魚雷で撃沈されました。船の大砲で船体を撃っても、船はなかなか沈みませんが、魚雷なら当たらなくても一発で沈むのです。というのも、海底で魚雷を使って爆発させると水中で圧力が広がり、船が若干たわみます。直後、水中ではその逆の何十倍の負圧が発生するため、頑丈な船体が真っ二つになってしまうからです。

中国の軍事費は表向きだけでも17兆円で、日本の3倍以上（２０１４年）。これは、ここ10年で４倍以上の伸びを示すものです。しかも中国の軍事費には、兵器開発費や購入費は入っていません。

保有兵器を比べても、第四世代のジェット戦闘機を、日本が約２７０機保有するのに対し、中国は約６９０機も保有しています。たびたび日本の上空を領空侵犯していくＨ－６爆撃機には巡航ミサイルが搭載されており、性能面も大幅にグレードアップされています。

中国で実戦配備が進められている**弾道《だんどう》ミサイル**＊14が潜水艦に搭載されれば、さらに脅威が増すでしょう。

いまのところ潜水艦搭載のミサイルの射程は７０００㎞程度ですが、今後１０００㎞まで射程が伸びれば弾道ミサイルがアメリカ西海岸にまで届くことになります。しかも陸上から発射されるミサイルは衛星から弾道が確認できますが、水中から侵入する潜水艦は探知が難しく、迎撃が困難です。

＊14 弾道ミサイル：大気圏の内外を、弾道を描いて飛ぶ対地ミサイル。弾道ミサイルは事前に察知しにくく、被弾する側に与える心理的な影響が大きい。

中国の最終目標は西太平洋を手中に収めること

中国の最終目標はいったい何でしょうか。それは、**世界へ通じる太平洋を手中に収めること**にあります。

その点をふまえると、日本の防衛にとって非常に重要な位置づけになるのが台湾です。もし台湾が存在しなかったら、鹿児島県佐《さ》多《た》岬《みさき》から与《よ》那《な》国《ぐに》島《じま》まで、本州がすっぽり入る約１５００㎞の南西諸島の防衛は方針変更を余儀なくされるでしょう。

現在、航空自衛隊の制空戦闘機Ｆ-15が配備されている沖縄の本島から尖閣諸島までは約４２０㎞ですが、台湾からは約３４０㎞です。この１００㎞の差が大きく、往復にしたら２００㎞の差になります。予備燃料の確保や尖閣諸島の上空で滞空できる時間の制約を考慮すると、台湾における中国軍の基地配備を許すことは、相手を戦略上、圧倒的に有利な状況へ導くこととなります。

南シナ海に中国軍の拠点が増えれば、中国の侵攻が劇的に進むのは明白です。実際に２０１４年、小笠原諸島の領海・ＥＥＺ内に宝石サンゴの密漁を行う中国の漁船が大量に押し寄せてきました。しかしそのとき、海上保安庁は尖閣諸島への対応に追われていて、巡視船の数が足りませんでした。

小笠原諸島に飛行場はありません。警察や海上保安庁が現地に到着するまでに東京から片道2日もかかり、海保の巡視船は洋上での給油能力がないため、給油のたびに帰港を余儀なくされます。しかも給油施設は父島《ちちじま》と母島《ははじま》にはなく、約１０００㎞離れた横浜にしかない。また、小笠原諸島は日本の防空識別圏の外です。これでは、とても現実的な防衛体制とはいえません。

海上保安庁の調査では、ピーク時の２０１４年10月下旬から11月上旬にかけて、小笠原諸島沖で約２００隻の中国船を確認しています。福建省からの往復約４００0㎞の燃料代を一隻４００万円と見積もれば、２００隻で8億円という莫大な投資額です。一隻あたり10人乗船していると仮定すると、２００隻で約２０００人。これは父島・母島を合わせた人口より多い数ですので、それだけ大挙して押し寄せた中国船と船員を見て、中国の侵略意図をまざまざと実感したことでしょう。

また、与那国島には現在、駐在所が2か所しかありません。何者かがライフル銃を持って上陸したら、ピストル2丁で応戦しなくてはならないのです。しかも与那国島は、陸上自衛隊が配備された沖縄本島から約500㎞も離れた場所に位置します。もっとも近い海上自衛隊の基地である佐世保は1200㎞の距離です。

◉止まらない中国の領海侵犯

先述のように、中国は警備の弱い場所を突いて攻め込んできます。沖ノ鳥島《おきのとりしま》や与那国島周辺の警戒体制の強化は、急務の課題です。6月に小笠原諸島では海上保安庁と警視庁による初の合同訓練が行われました。

本格的な島の防衛に向けて周辺国と共同で訓練を展開し、場合によっては装備品の移転を含めて真剣に考える必要があるでしょう。

日本では南沙諸島の岩礁埋め立てに注目が集まりますが、中国による東シナ海のガス田開発、とりわけ中間線付近のヘリ離発着が可能な巨大な複数の石油掘削施設や海洋油ガス田開発基地群の建設、そしてそこから立ち上る炎・煙を見れば、みなさんにも安倍首相が平和安全法制の議論になぜあれだけ熱心なのか、理解いただけるはずです。

すでに、中国の油ガス田掘削施設から排出された泥で濁《にご》った海面も確認されています。実際に、東シナ海の油ガス田掘削施設が尖閣諸島に一番近いヘリポートであり、そこにレーダーを設置すれば、中国が一方的に設定した東シナ海の防空識別圏の管制が可能となります。さらに通信傍受機器を設置すれば、日本の防衛上、極めて大きな影響が出かねない状況になります。また、宮古海峡における中国艦艇や航空機の往来、尖閣諸島での領海侵犯は、留まる気配を見せません。

尖閣諸島の上空を中国国家海洋局のセスナ機が領空侵犯してきたときも、宮古島にある日本で最西端のレーダーからだと200㎞も離れているため、低空飛行したセスナ機はレーダーの陰となり確認することができませんでした。

無人航空機[*15]**（UAV）**への対策も重要です。中国は今後、10年以内に4万台以上のUAVを運用すると明言しています。UAVは日本の国内でも話題になったドローンと似ていますが、ドローンより機体が大きく、攻撃能力をもったタイプが次々と開発されています。

＊15 無人航空機：遠隔操作で飛ぶ無人の航空機で、UAV（Unmanned aerial vehicle）はその中の一種。

将来的には、無人の潜水艇が現れて日本を攻撃してもおかしくありません。中国は軍事の無人化に向けても着実に動いているのです。

ロシアが狙っていた北海道と東北地方

では、ロシアに不法占拠されている北方領土はどうでしょうか。

こちらもロシアから見れば、日本に領土を返還してしまうと、太平洋に出るにはオホーツク海をぐるりと回らなければならず、とても苦労します。

さらにオホーツク海は冬になると凍ってしまうので、そうなるとまったく身動きがとれません。

だから、日本が敗戦を受け入れたポツダム宣言を受諾した後でありながら、ロシア（当時はソ連）は日本人が住み続けた歯舞《はぼまい》群島、色丹《しこたん》島、国後《くなしり》島、択捉《えとろふ》島を次々と不法占拠しました。それだけではなく、できれば、北海道はおろか東北地方も占

北方領土

拠し、太平洋への出口である宗谷《そうや》海峡と津軽《つがる》海峡を支配下におきたいのとの計画もあったようです。

◉ロシアがさらに狙っているもの

もし北方領土が日本に返還されるとすると、ロシアの軍艦が往来するにあたり、四島が障害となります。ですから、ロシア軍からすればこの四島は絶対に手放したくないのです。

さらに加えて、この北方四島に豊富な資源が眠っている可能性が出てきました。そのため、なおさら日本への返還には簡単に応じようとしません。

中国が最終的には太平洋への出口として沖縄を視野に入れているように、**ロシアも前述の通り、宗谷海峡と津軽海峡に注目しています。**仮に宗谷海峡や津軽海峡が自由になれば、極東の太平洋艦隊を動かしやすくなるし、それだけで近隣諸国への圧力を高めることができます。もちろん、今すぐ中国が沖縄に乗り込んできたり、ロシアが北海道を占領したりする可能性は低いでしょう。理由は、そのような事態に陥らないように各地の自衛隊が監視していることと、米軍の協力があるからです。

これらが抑止力となって日本は守られています。

とはいえ、**決して安心はできません。**中国に屈して尖閣諸島を明け渡してしまったら、中国はそこに軍事拠点をつくって、海洋油ガス田開発基地群とあわせてさらなる揺さぶりをかけてくるでしょう。ですから、日本は尖閣諸島を守らなくてはならないし、不法に占拠されている北方領土を取り返さなくてはならないのです。

尖閣諸島は現状、日本が実効支配していますが、中国はあらゆる手段を使って着々とコトを進めてくるので、ちょっとしたきっかけで足をすくわれることも考えられます。
よって、頻発する挑発行為から戦闘に発展してしまうようなことがないよう、日米同盟という確固たる抑止力と、法の整備をもって対処する必要があります。

北朝鮮のミサイル精度は向上している

安全保障環境の変化について見た場合、日本が危機感をもつべきもうひとつの国が北朝鮮です。

北朝鮮では、金正恩《キムジョンウン》という若き指導者が着実に力をつけています。なにしろ、儒教社会の北朝鮮において、実力者であった叔父を公開処刑するという暴挙に出たにもかかわらず、それでもなお国内の治安が保たれているのですから。

そうした人物が支配する北朝鮮は、日本を射程に収めるミサイルを何種類も大量に保有しています。たとえば、**スカッド・ミサイル**[*16]は北九州地方や山口県の一部まで届きます。**ノドン**[*17]は北海道の一部を除き日本全土を、ムスダンという中距離弾道ミサイルはグアムまで射程内に収めます。ミサイルが発射される前に米軍に叩いてもらえばよいのですが、それができません。というのも、**テポドン**[*17]は固定式の発射台から発射されますが、スカッドやノドンは車載型であり、このような移動式のミ

＊16 スカッド・ミサイル：ソビエト連邦が開発した弾道ミサイル。スカッドはNATOが付けたコードネーム。独自に改良したミサイルも各国で開発されている。

サイルを事前に叩くことは、きわめて困難だからです。

かつて、北朝鮮のミサイルは精度が低いといわれていました。しかし、その精度が向上しているのも気がかりです。２０１４年３月３日、北朝鮮は日本を射程に入れるノドンを、東海岸から約５００㎞東方に撃ち込みました。彼らにとってこの結果は大成功です。

続く3月26日には、西海岸から６００㎞東方に発射し、こちらも成功を収めています。とくにこの実験では、北朝鮮が初めて自国の上空を通過するかたちで弾道ミサイルを打ち上げたのです。つまりそれだけ、自国の軍事レベルに自信をもったのでしょう。さらに3度の核実験を通じて、ミサイル弾頭用の核の小型化技術も、相当進歩しています。**北朝鮮のミサイル技術は確実に向上しています。**

北朝鮮が日本を標的としたミサイルや核開発を繰り返している意図が、日本地図を逆さにするとよく見えてくることは、これまで何度も述べてきた通りです。

***17 ノドン、テポドン：**いずれも北朝鮮が開発した弾道ミサイルのコードネーム。

同盟国との国境すらあいまいな日本

日本は国土が小さいといわれていますが、その領土面積でみれば確かにその通りで、世界で61番目です。ところが、領海と日本の権益が及ぶ「排他的経済水域」でみると、**全世界で6番目にまでランクアップする**のです。

さらに、2012年4月に発表された国連の**大陸棚限界委員会**[*18]の裁定により、日本の大陸棚の延長が認められました。さらなる大陸棚の延長も審議されています。

これだけの面積ですから、そこには当然、豊富な海底資源が眠っているのですが、実を言うと、排他的経済水域の境界というのはいまだにはっきり決まっていないところがたくさんあるのです。

たとえば小笠原諸島周辺の海域の境界は、円ではなく直線であるように、まだ定められていません。

この境界を決めるための交渉相手は、実はアメリカです。アメリカのように信頼

＊18 大陸棚限界委員会：国際連合に属する委員会。国連海洋法条約に基づき、沿岸国の領海を越える海面下の基線を規定する。

日本の排他的経済水域地図

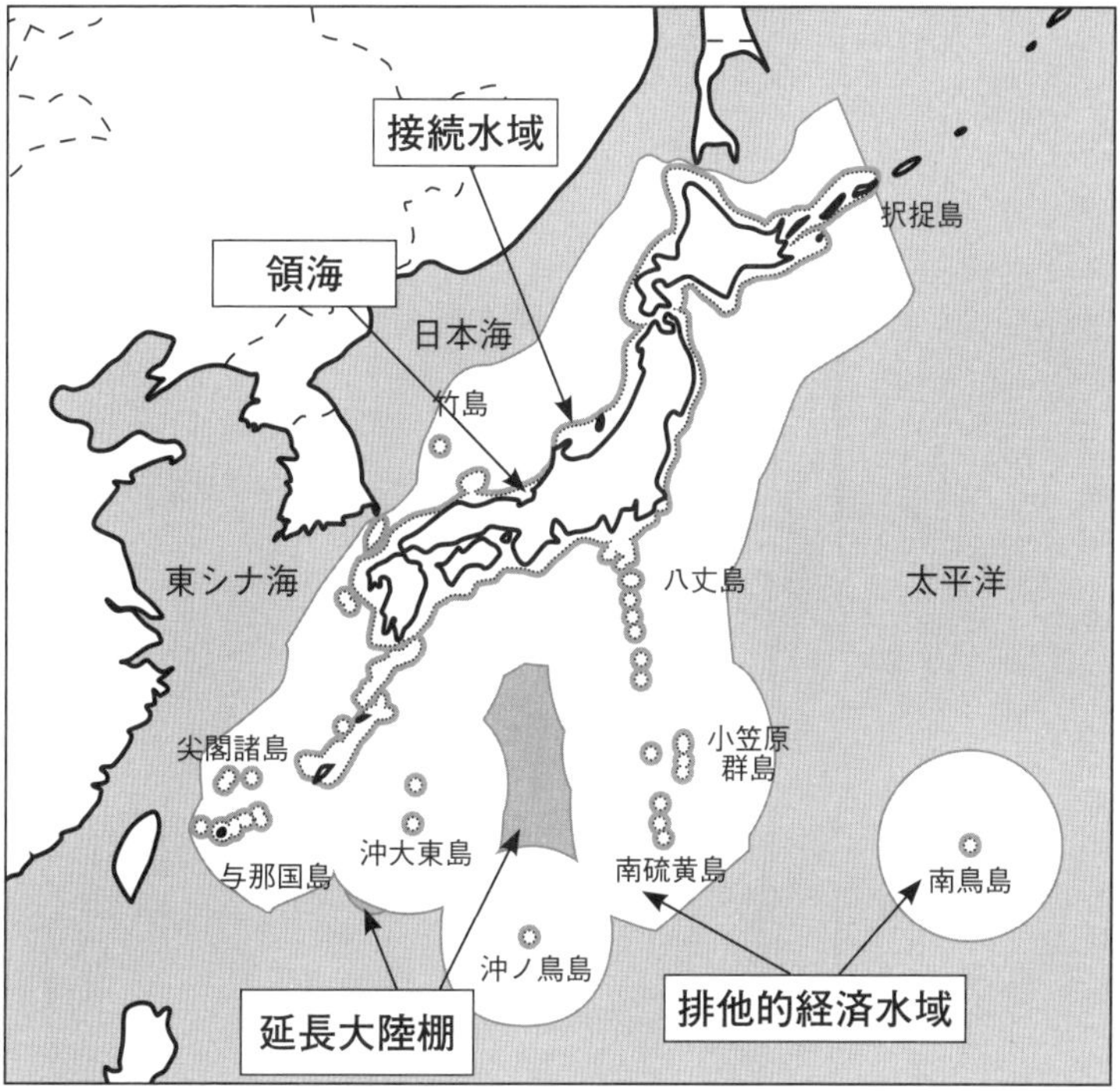

関係の深い同盟国が相手でもいまだに交渉がまとまらないのですから、国境をはっきりさせるということがいかに困難かわかります。これが中国やロシアが相手となればさらに揉めるのは当然のことです。

いちばん怖いのは日本人の無知・無関心!?

さて、これまでに挙げてきた事案の数々を、知っていた人は多くはないのではないでしょうか。それどころか、そもそも領土や領海について興味がないという人が圧倒的多数を占めているかもしれません。特に年齢が若い人ほどそういった傾向は強いはずです。

このことについては、日本がおかれている現実を、危機感をもってきちんと伝えてこなかった私たち政治家にも責任があります。

「今まで平和だったのだから、これからも大丈夫だろう」「少し前まで韓流ブームだった日本が、東アジアの国々と揉めるなんてあり得ない」、そんな甘い考えや妥協から、先送りにしてきた領土や戦後処理の問題が、今日本の安全を脅かしているのです。

◉選挙第一主義の一部の政治家たち

　また、こうした状況下においてさえ、いまだに自衛隊に対して偏見をもっている人もいますし、在日米軍不要論を声高に叫ぶ人もいます。

　いろいろな考え方があってよいでしょう。しかし、自衛隊がいなくなったら、米軍が撤退してしまったら、果たして誰がこの日本を守れるのでしょうか。

　それどころか、現在の自衛隊の陣容でさえ、まだ日本を守りきるには不十分なのです。

　現在、日本に配備されている基地や部隊には、そこを拠点とするだけの明確な意味があります。ですから、何の先見性もなしに基地や部隊を動かすことは非常に危険なのです。

　にもかかわらず、選挙を有利に進めようと考え、そうした問題点には触れないまま理想論だけを並べる政治家もいます。しかし、本当に大切なのは、**今、日本のどこがどういった危機に直面しているのかを本気で国民に知らせること**ではないでしょうか。

竹島なんていらない⁉

領土紛争に関する話を聞くことは、愉快な話ではないでしょう。だから、これまでの日本はそういったことを先送りにしてきました。

しかし、当たり前のように中国の艦隊が沖縄沖を通過し、北朝鮮のミサイルが日本上空を飛んでいく時代となった今、知らないですむ話ではありません。本当の意味で「日本を守る」ためには、政治家だけでなく、国民全員がそのことについて考えていかなくてはならないのです。

はっきりいって、これまで日本人はあまりにも自国の領土に関して無関心でした。

竹島（韓国名：独島《ドクト》）の問題が大きくクローズアップされた時も、一部の人たちからこんな声が上がりました。

「別に無人の小島なんていらない」

「面倒なことになるなら竹島なんて韓国にあげてしまえばいい」

竹島

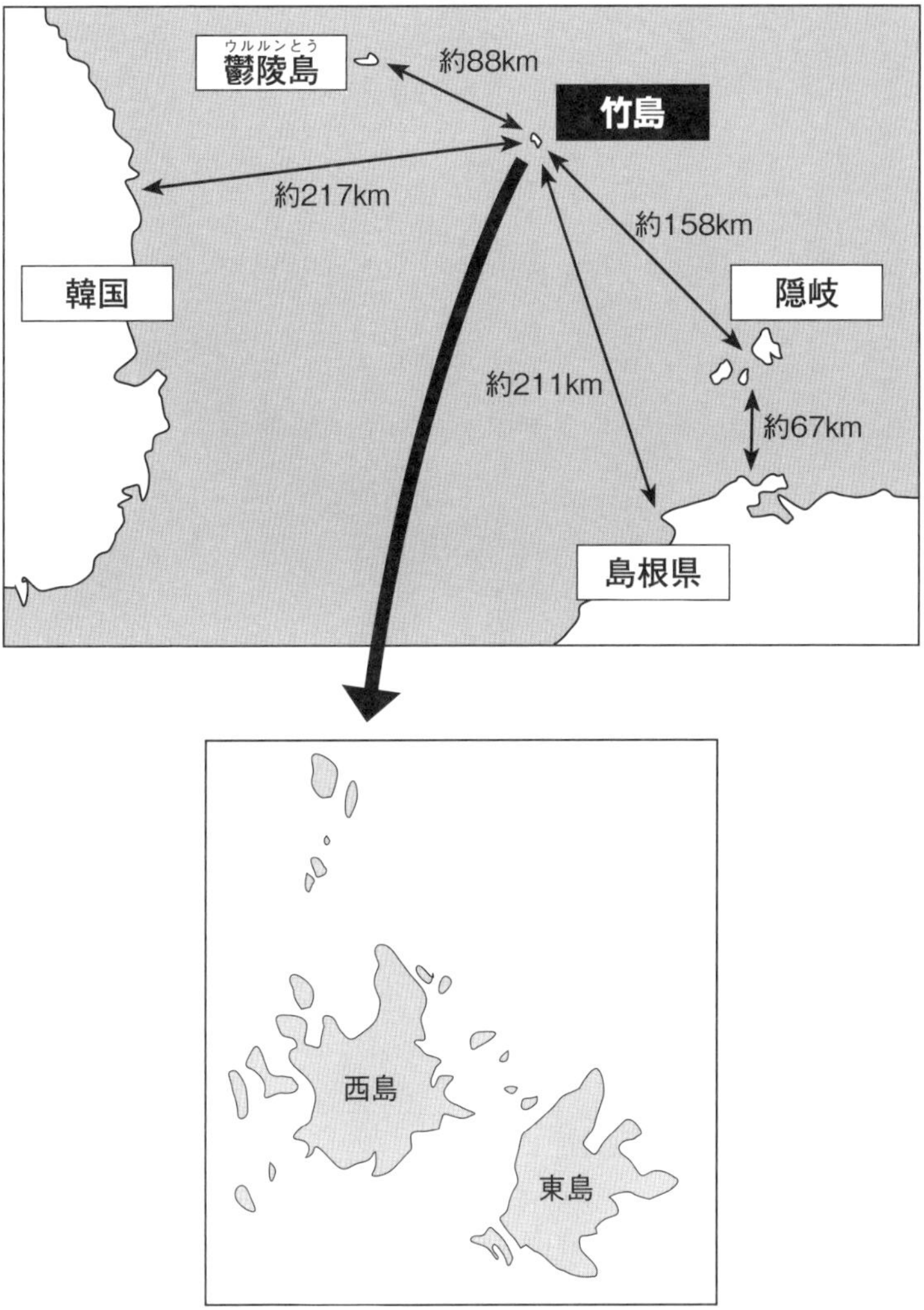
鬱陵島《ウルルンとう》
約88km
竹島
約217km
約158km
韓国
隠岐
約211km
約67km
島根県
西島
東島

「島を譲って日韓関係が良好になるなら、そのほうが得策だ」

これは、事実を完全に見誤っています。

領土というものは、面積とか資源とか、そういったことだけで価値が決まるものではありません。どんな場所のどんなかたちであっても、**私たちが先人から受け継いできた大事な国土です。**

あなたの家の庭の隅に小さな池があって、隣人から「せっかくの池なのに魚を飼っていないのはもったいない。私はたくさん魚を飼っているので、その小さな池を譲ってもらえませんか」と声をかけられたら、あなたは「どうぞ」と応じるでしょうか。

譲ったら、隣人は魚に餌をあげるために、毎日あなたの家の庭に入ってくることになります。

初めのころこそ丁寧に挨拶してくるかもしれませんが、いつしかそれが当たり前になり、行動範囲も池だけでなく徐々にその周辺に広がり、やがては庭全域で我がもの顔に振る舞うことになるでしょう。領土問題もそれと同じです。

◉一度譲歩すると際限がなくなるのが領土問題

たとえば、韓国に竹島を譲ったと仮定します。

それですべてが平和的に解決するかといったら、そんな単純な話にはなりません。韓国側は次に「竹島だけじゃなく、対馬《つしま》も私たちのものだ」と言ってくるでしょう。その動きを見て、今度は中国が「韓国に竹島を譲るなら、尖閣諸島は、いや沖縄諸島は私たちのものだ」と主張してくる可能性があります。中国には『水に落ちた犬は棒で叩け』という言葉があるほどで、**一度譲歩してしまえば後は際限がありません。**

こうやって少しずつ、しかし確実に日本の大切な領土が近隣諸国に奪われていってしまったら、もう日本の領土は守れなくなります。

小さなひとつの島を譲るということが、ゆくゆくはもっと大きな領土を譲ることにもつながるのです。

反日デモの裏側からみえてくるもの

私は2011年8月1日に、新藤義孝《しんどうよしたか》衆議院議員、稲田朋美《いなだともみ》衆議院議員と共に、韓国の竹島の活動拠点となっている鬱陵島《ウルルンとう》を視察するため韓国へ飛びました。テレビや新聞で大きく報道されたのでご存じの方も多いかと思いますが、私たちは韓国の金浦空港に到着したと同時に別室に連れて行かれ、入国を拒否されました。

こちらは大きく報道されたわけではありませんが、私たちが韓国に行く前日、先に現地に向かった下條正男拓殖大教授も理由なく入国を拒否され、乗ってきた飛行機の帰りの便でそのまま日本に送り返されました。

「私たちはテロリストなどではないのに、どうして入国できないのか」と尋ねると、韓国の入国管理事務所長の答えは「あなたたちの身の安全が保証できない。日韓の友好関係にも悪影響を与える」というものでした。

しかし、私たちは韓国に対してなんら害のある行動はしていないのです。日韓両国の未来のために鬱陵島がどのような状況になっているのか、わずか3人で視察に行き、そして韓国の国会議員と議論を交わしたいだけなのに、韓国の治安を乱す行動など考えられません。だいいち、入国の目的や視察内容について私たちはなにひとつ聞かれていません。にもかかわらず、韓国がテロリストに適用する出入国管理法の条項を私たちに適用しました。

「身の安全が保証できない」という言葉の裏には、韓国で大掛かりなデモが起きたり激しい抗議行動が発生したりする危険があるという警告が含まれています。

実際、空港には200人以上のデモ隊が私たちを待ち構えていました。港には約900人、鬱陵島にも約300人が待ち構えていたといいます。

なにせデモ隊は、私たちの顔写真が入った垂れ幕を燃やしたり、食べ物を投げつけたり、それどころかロビーに棺桶まで持ち込んで威嚇してきたのですから、まったく念の入った話です。

これが羽田空港や成田空港なら、絶対にこんなことは起こりません。空港のロビーに入る前にデモ隊は警官隊に止められるだけです。

韓国ではそれが起こり得たということは、公権力があえてデモを黙認し、好きにさせていたということです。

◉デモは国内向けのパフォーマンス

韓国のデモ隊が手にしている垂れ幕やプラカードはすべてハングルで書かれていました。本当に国際社会に向けてアピールしたいのであれば英語で書くでしょうし、日本に対する抗議活動が目的だったら日本語のプラカードをつくるはずです。

それを、当の私たちが読めないハングルでつくっているということは、このデモは日本や国際社会に向けたものではなく、韓国国民が自分たちを鼓舞《こぶ》するためにとった行動と考えられます。

当時、翌年4月の韓国国会議員選挙や、12月の次期大統領選を念頭においた、李《イ》明博《ミョンパク》大統領（当時）や一部の国会議員が自らの支持率アップのためのパフォーマンスとして利用した面もあったでしょう。

結果として私たちは韓国に入国できませんでした。それでも韓国へ飛んだ成果は大いにあったのです。

というのも、私たちが入国を拒否され、韓国国民が過激なデモを繰り広げた事実が、日本や欧米でも大きく報道されたからです。

韓国政府としては、竹島に関して領土問題は存在しないと主張したかったでしょうが、ワシントン・ポストやアジアの英字新聞でもこの件が予想以上に大きく報じられ、**日本と韓国の間に領土問題があること、および韓国の日本に対する過激な姿勢が全世界に露呈したのです。**

その後、アメリカは「日本海」を「東海」と呼ぶべきという韓国の主張を認めず、改めて「日本海」という表記を支持しました。これも、このときの行動の効果と言えるかもしれません。

自分たちと違う意見は議論すらも認めようとしない韓国の「入国拒否」事件は、同国の外交の本質を自ら広く世界にアピールしてしまったようなものです。

当時の韓国は、竹島の実効支配を強化すべく日本の再三の抗議にもかかわらず、さまざまな挑発行為におよんでいました。

複数の閣僚が竹島への上陸を繰り返し、宿泊所など民間向け施設を拡大しては、

24時間離発着できるヘリポートの建設を発注。さらには、仁川空港から成田空港に向かう新型旅客機のデモフライトでは、竹島の上空を飛行するパフォーマンスまで行う始末です。

◉竹島問題を表面化させることに成功

そんな韓国にとって、この事件はかえって大きな誤算となり、私たちが行動を起こしたことで、韓国国会による「独島守護対策特別委員会」の竹島開催の延期など、ほんの少しですが「竹島問題」に風穴が開きました。

なにより韓国政府にとって予想外だったのは、日本国内における報道の大きさでしょう。日本人が竹島の領土問題に気づいてしまったことは最大の失敗です。若者を中心に日本人の領土意識が非常に低いことを、韓国政府は十分にわかっています。しかし、新聞やニュース、そしてワイドショーまでもが私たちの入国拒否の模様をかなりの時間を割いて放送しました。

実際、こういった番組を見て「初めて竹島問題について知りました」というメールや「よくぞ行動してくれた」という激励《げきれい》をたくさんいただきました。

外国からの脅威を防ぐのは国民の意識

鬱陵島事件の顛末《てんまつ》からも明らかなように、領土問題に関して大切なのは、とにかく**国民一人ひとりが意識的に真実を理解すること**。この一点にかかっています。

政治家や官僚をして、よく「国民の領土意識を超える領土政策はつくれない」といわれますが、国民の領土に対する意識を高めなければ、国の領土政策も成果をあげることは困難なのです。

そのことと関連させて、次に**「北方領土の日」**[*19]について考えてみましょう。

これは、政府が全国的な北方領土返還運動の一層の推進を図るために1981年に制定したもので、制定当時はこの日が近づくと政府広報としてテレビで「2月7日は北方領土の日です」と告知されてきました。ですから、一定の年齢以上の方であれば、2月7日がその日だと即答できるはずです。

北方領土返還運動に関しては、各地で市民大会が開かれれば、総理大臣や閣僚も

＊19 北方領土の日：北方領土問題に対する国民の関心と理解を深め、全国的な北方領土返還運動の推進を図るために制定された記念日。2月7日。

出席します。内閣府には「北方対策本部」という部署も設置されています。

では、「竹島の日」についてはいかがでしょうか。「他国に不法占拠された領土問題」である点は、北方領土と同じです。では、竹島の日はいつと定められているのか？　答えは2月22日です。

「竹島の日」は、２００５年に島根県が独自に「竹島の日を定める条例」で制定したのですが、年配の方を含め、こういう記念日があることを知らないという人も多いのではないでしょうか。その理由はわかりませんが、「竹島の日」の催《もよお》しものや竹島返還運動の大会に参加する政府関係者は、なぜかひとりもいません。

こうした一つひとつの状況が、領土問題を国民の意識から遠ざけているのではないでしょうか。事実、政府における竹島問題は、外務省の北東アジア課の一担当者が担当しているだけ。内閣府に専属の部署は存在しないのです。

このことに関しては、自民党も反省すべきでしょう。戦後、自民党がとってきたおよび腰の領土政策・外交政策が、現在まで尾を引いていることは明らかです。

「領土」と名の付く委員会が国会に存在しないのは、私が国会議員になって驚いたことのひとつです。国家はそもそも、それを構成する基本要素として「領土」「国民」「主権」を挙げているというのに、領土に関する委員会が国会にないという状況は異常といえます。ぜひとも是正する必要があります。

◉領土問題についてもっと韓国と議論すべき

こうした状況をふまえ、私たち自民党は２００９年、『領土に関する特命委員会』を党内に設置しました。与党となった現在も、尖閣、竹島など、領土に関する問題についてさまざまな議論、提言を行っています。

こうした日本の危機感の薄さとは対照的に、韓国国会には領土に関する委員会がきちんと存在しています。私たちが鬱陵島視察を計画するきっかけになったのも、韓国の『独島守護対策特別委員会』が竹島で開催される計画があったからです。

そういった動きを牽制するために、「鬱陵島には資料館があって、いろいろな展示物があるけれども、そこには歴史事実と違う部分が多々ある。ぜひとも現地を確認して、韓国の国会議員と議論しましょう」と、あえて委員会が開かれる直前に私たちは行動を起こしたのです。

この訪問の趣旨について事前に通知しておいたのですが、それに対して韓国国内では私たちの想像を超える過剰な反応を示しました。彼らは、日韓両国の国会議員同士での議論になったら韓国側の分が悪いことを理解しているのです。日本でも早急に政府が竹島に関する部署をつくり、正面から向かい合って、領土問題について韓国ともっと議論し合うべきではないでしょうか。

領土問題は、二国間の相容れない部分が明らかになります。**だからといって先送りしていては、いつまでも解決しません。**与党も野党も関係なく、互いの利害を超えてお互いに協力してやり抜くべきです。

1951年9月に署名されたサンフランシスコ平和条約では、「済州島、巨文島、鬱陵島を含む朝鮮」が日本の放棄すべき地域として規定され、そこに竹島は含まれませんでした。
韓国は「竹島を加えて欲しい」と要求しましたが、米国は韓国側の主張を明確に否定しています。竹島は、歴史的にも国際法上も明らかに我が国固有の領土だということをしっかり認識しておきましょう。

いま求められる尖閣問題解決への決意

みなさんは2010年9月7日に起きた、中国漁船による日本領海内での事件を覚えているでしょうか。尖閣諸島沖の領海をパトロールしていた海上保安庁の巡視船「みずき」が、中国籍の漁船を発見し、退去を命じましたが、漁船はそれを無視して違法操業を続行しました。そして、逃走時に巡視船「よなくに」と「みずき」に意図的に衝突し、破損させたのです。

その後、逮捕された船長は那覇地方検察庁石垣支部に送検されましたが、中国は「尖閣諸島は中国固有の領土である」という主張を根拠として日本国大使を呼び出し、船長・船員の即時釈放を要求します。ときの民主党政府はこれに応じて船長以外の船員を中国に帰国させ、漁船も中国側に返還してしまいました。そして結局、中国人船長も処分保留で釈放されたのです。

この事件により一躍注目を集めた尖閣諸島ですが、この事件の前はどれだけの国民が尖閣諸島を「日本」の領土として意識していたでしょうか。

国会議員とて人のことは言えません。この事件を受けて陳情《ちんじょう》に来た石垣市長や市議団に、田中眞紀子《まきこ》元外務大臣は、なんと「わざわざ島根県からご苦労様」と言ったのです。

ちなみに尖閣諸島は、沖縄県石垣市に属します。

この事件が起きた時にも、やはり一部の人たちから「揉めるぐらいだったら、あんな小島は中国に譲ってしまえばいいのに」という意見はありました。

一方の中国は、日本の閣僚級の往来を中止したり、日本への中国人観光団の規模を縮小したり、さらには**レアアース**[20]の対日輸出を停止したりするという圧力をかけてきました。日本が揉めたくなくても、中国にその気はありません。中国国内で働いている日本人が「無許可で軍事管理区域を撮影した」として身柄を拘束《こうそく》されるという「事件」も起きています。中国政府は漁船事件とは無関係だと言っていますが、とても信じられる話ではありません。

＊20 レアアース：化学的に単元素の分離抽出が難しい鉱物。エレクトロニクス製品の性能向上に必要不可欠な材料として注目されている。

◉国民の意識を高めないと中国の揺さぶりには対抗できない

こう書けば、いかにも中国の態度は見え見えですが、しかし、それに対して日本が毅然とした態度を取り切れていないのも事実です。

何度も言いますが、それは領土に対する意識が低いからです。

領土よりも、目先の経済活動を優先させてしまう一部の日本人がいます。たしかに中国は、日本の多くの企業にとっても無視できないマーケットです。中国はそういった日本人の弱さをよくわかっているので、ここぞとばかりに揺さぶりをかけてくるわけです。実際、経済界から「中国の言う通りにして、今すぐ輸出制限を解いてもらえ」という意見が相当数、政府に寄せられました。

やはり領土と主権を守るためには、「自分たちの生活をある程度は犠牲にせざるをえない」というくらいの気概は必要だと思います。中国には経済活動に影響が出ても構わないというくらいの覚悟があります。中国は資源や一部商品の日本への輸出を止めました。これが長期化したら逆に中国経済が大きなダメージを被る可能性があるにもかかわらずです。実際、その後日本企業の間で**チャイナリスク**[*21]が高まり、

＊21　チャイナリスク：中国が国内に抱える政治、経済、社会のリスクの総称。2005年の反日運動や2010年の尖閣諸島沖中国漁船衝突事件等も含む。

生産拠点を中国からインドやASEAN諸国へシフトしていく流れが加速したのが、何よりの証拠です。

残念ながら、今の日本では中国の揺さぶりには対応しきれないでしょう。政治家がだらしないことは、そのひとりである私の責任でもありますが、私も政治家として、国民のみなさんの意識を高めていただくための活動に力を注ごうと強く思っています。

日本の領土問題に対する内外の温度差

2015年4月15日に開かれたG7[*22]外相会合（ドイツ・リューベック）で、東シナ海と南シナ海をめぐる中国の行動を牽制する内容を含んだ文書が採択されました。6月7日に開かれたG7エルマウ・サミット（ドイツ）の会合においても、南シナ海の南沙諸島で大規模な岩礁埋め立てや、人工島の建設を進める中国への対処が

＊22 G7：フランス、アメリカ、イギリス、ドイツ、日本、イタリア、カナダの7つの先進国。

焦点となりました。

自由と民主主義、法の支配や人権の尊重などを共通の価値観とするＧ７が、**中国による越権的な行為を非難するのは当然です**。中国の最近の行動を力による「現状変更の試み」と位置付けたことにはきわめて意味があります。２０１６年に日本で開催される伊勢志摩サミットでも、ホスト国の日本がアジアの代表として中国に対する非難の声を上げることは確実です。

しかし、問題もあります。それは、緊張が高まるアジアの海洋問題をより声高に国際社会に訴えていく必要があるにもかかわらず、日米とそれ以外のＧ７の国とでは認識に温度差があることです。

中国が主導する**アジアインフラ投資銀行**[*23]（**ＡＩＩＢ**）へイギリス、フランス、ドイツ、イタリアは次々と参加を表明しました。その動きを見ても明らかですが、欧米の先進国と中国の経済的な結びつきは強く、また、彼らにとっては国境を接しているわけでもない遠い国の話でもあります。こうした状況下で中国の動きを封じ込めるのは、日米にとって簡単ではありません。

＊23 アジアインフラ投資銀行：中国が主導するかたちで設立を目指すアジア向けの国際開発金融機関。2015年の業務開始を予定。

Ｇ７の場で議題に挙げても、日米以外が具体的解決の方向まで議論を進めるとは考えにくいでしょう。それだけに、２０１６年の伊勢志摩サミットでは、この問題に関して日本が積極的にリーダーシップをとる必要があります。

尖閣諸島や竹島の問題も些細なこととして片付けることはできません。すべては軍事的戦略と領土問題に根差すもの。
先人から受け継いできた大切な国土を守るには、日本国民一人ひとりが危機感と責任感をもつことが大切です！

高校生にも読んでほしい

3限目

戦わずに国を守る方法はあるの？

安全保障の授業

感動を呼んだ安倍首相の日米合同演説

2015年4月29日、安倍晋三首相が**米議会上下両院合同会議**[*1]で行った演説「希望の同盟へ」は、日本の安全保障政策を大きく前進させるという意味で、内容的にとても素晴らしいものでした（原文は英語ですが、外務省のホームページに日本語訳したものが全文掲載されています）。

首相が個人的な留学体験も交えながら述べたのは、世界の民主主義をリードするアメリカ合衆国と、日本との長年に渡る深い絆です。

両国の間には、第二次世界大戦という悲しい歴史もありました。しかし、それを乗り越えて和解の努力を重ね、アメリカのリーダーシップのもと、互いに感謝の心をもちながら共存共栄の道を歩みます。

20世紀後半には、志をともにする他の民主主義諸国とともに東西冷戦にも勝利しました。

***1 米議会上下両院合同会議**：合衆国議会の下院と上院が合同で行う集会。一般教書演説や大統領就任式などの特別な機会に開催される。

こうして、**今日の平和と繁栄を築いてきた日本がいま取り組んでいるのが、日米同盟のさらなる強化です。**

日米防衛協力の新しいガイドラインが日米両国間で確認され、その実行を裏づける法整備、すなわち平和安全法制について国会で議論が進められていることは、1限目でもご紹介した通りです。

とりわけ国際社会で日本に求められ、また自国のためにも必要とされているのが、アジア太平洋地域の平和と安全であるのはいうまでもありません。

安倍首相が就任直後に論文で明かした**「アジア安全保障ダイヤモンド構想」**[*2]が、このたびの演説で再び同盟のミッション（役割）として盛り込まれたのも、そうした方向性を揺るぎないものにしようとする意思の表れといえるでしょう。

インド洋から西太平洋にかけて共有する海を守るために、豪州、インド、日本、ハワイ州が連携して『ダイヤモンド』を形成することになれば、単に日米の関係を深めるという以上の意味をもつことになります。

＊2 アジアの安全保障ダイヤモンド構想：安倍晋三首相が2012年12月27日、国際NPO「プロジェクト・シンジケート」に寄稿した論文で発表した。日米豪印の4国で連携して太平洋の安全を守ろうというもの。

日米同盟の強化は戦争回避につながる

しかし、安倍首相を筆頭に政権与党がその意義をいくら強調しても、新しい日米の同盟関係と、集団的自衛権の行使にはリスクをともなうということを理由として、強固に反対の姿勢をとる人たちはいます。

思うに、そうした人たちは日本がアメリカ寄りの政策をとることで、アメリカと対立する国を刺激し、回りまわって日本への風当たりが強まるのを懸念《けねん》しているのでしょう。しかし、そこにあるのは政治的な駆け引きであって、実情を見すえた真摯な意見とはとうてい思えません。

たしかに、〝風当たり〟がないわけではありません。

たとえば中国です。2015年5月26日に発表された中国の『国防白書』は、「日本の安保政策の転換」と、「地域外の国の南シナ海への介入」が中国の国家安全にとって「外部からの阻害と挑戦」であると明確に打ち出しています。

ここでいう「地域外の国」とは、もちろんアメリカのことでしょう。中国政府の公式文書で中国人民解放軍の仮想敵をこのように示したのには、自衛隊や米軍との東シナ海などでの軍事衝突に備えようとの意図が感じられます。

日本国内の野党勢力は、こうした状況を「証拠」として持ち出し、だから平和安全法制には反対というのでしょう。

しかし、これは話の順序が逆なのです。

中国が海洋権益を求めて外洋への拡張を推進したり、軍事力をバックに周辺国に対して領有権問題などで強硬姿勢や拡張路線を示さなければ、日本も集団的自衛権の議論をここまで早急に進める必要はなかったかもしれないのです。

同白書では、中国の海軍を近海型から遠海型へ、空軍を領空防護型から攻防兼務型へ変更する必要性についても述べています。「攻防兼務型」とあるのは、中国軍が作戦の範囲を広げ、先制攻撃をかけてくる可能性もあることを意味する、と綴りました。

それが、今の中国の軍事戦略なのです。

ほかの国に目を転じると、現在、安倍首相による米議会演説に批判的な立場を表明しているのは、中国のほかに、北朝鮮、韓国があります（ただし、韓国内には歴史認識と安保政策は切り離し、日米と歩調を合わせるべきだと考える識者はいます）。

アメリカ国内での評価が高いのはもちろんですが、この3国以外からは批判の声が聞えてこないのは、日本の行動になんら矛盾がないことを証明しています。

◉政治家の仕事は戦争を起こさせないこと

私は常々申し上げているのですが、政治家にとって一番大切な仕事は国民をあらゆるリスクから守ること、つまり、戦争を起こさせないようにすることです。

ここに異論を差し挟む人はいないでしょう。では、そのために本当に必要なことは、一体なんでしょうか？

私は、**「対話（外交）」**と**「抑止力」**と考えていると繰り返し述べました。

第二次大戦後、日本は70年間戦争をしませんでした。運がよかったわけではありません。平和主義にもとづく外交努力と日米同盟による抑止力があったおかげです。

抑止力を日本側から実質的に支えたのはもちろん自衛隊ですが、自衛隊だけで日本の平和と安全を維持することはできません。

　個別的自衛権は日本が攻撃を受けるか、日本への宣戦布告など、相手が明確な攻撃意図を示さないかぎり発動できません。

　あらゆる事態に備え、いつ何時でも国と国民の安全を守ることができるようにするためには、できるだけ多くの国と自衛隊が連携して事態対処できる、集団的自衛権を含めた態勢整備が必要なのです。

安全保障の問題になると、メディアなどでは抑止力＝戦争賛成派＝悪VS対話＝戦争反対派＝善といったマンガのような単純な図式に当てはめて分断と対立をあおりますが、もうそんな時代ではありません。
政治家も自衛隊員も、みんな戦争には反対です。私たちはそれを避けるための手段について、議論をしているということを忘れないでください。

沖縄に基地がある集団的自衛権上の意味

次に、集団的自衛権について、沖縄の基地問題に照らして考えてみましょう。

2009年7月、首相就任前の鳩山由紀夫氏は、沖縄の普天間基地《ふてんまきち》*3の移転先について、県外移設の方向で行動を起こすと宣言しました。そして、首相就任後もその意見を貫きます。

普天間基地は街に隣接しているため、騒音問題はもちろんのこと、在日米兵による相次ぐ不祥事などの問題が指摘されてきました。

大学敷地内への米軍ヘリ墜落事故を機に基地移設を求める声は大きくなり、その後さまざまな移転プランが検討されてきたのは事実です。

基地の移転は他国の軍事戦略にも影響するデリケートな問題ですから、日本国内だけで決められる案件ではありません。本来ならば、なんの根回しも配慮もなく発言することなどできない内容です。

*3 **普天間基地**：普天間基地は通称で、沖縄県宜野湾市にある在日米軍海兵隊の「普天間飛行場」が正式。嘉手納基地と並ぶ在沖縄米軍の拠点となる。

にもかかわらず、鳩山氏は「国外に移設する。最低でも県外へ」と口にしてしまいました。普天間にある基地を県外あるいは国外に移設して、基地も沖縄に返還するという約束を、沖縄県民と交わしてしまったのです。仮に実現させるにしても、最低10年はかかる大事業です。

基地を移設ないしは返還するとなれば、普天間にいる部隊をほかの場所に移転させる必要があります。もちろん移転場所を先に決めることが条件です。仮に決まったとしても、それがゴールではありません。移転先の環境アセスメント（大規模な開発事業などを行う際に、事前に環境などへの負荷を調査・評価すること）が必要です。もし、鳩山氏が言うように移転先が「国外」だとしたら、環境アセスメントにもっと時間がかかります。

環境アセスメントが終わってから、初めて基地の建設に取り掛かるのですが、仮にそこに部隊が移転しても、まだまだ問題は解決しません。普天間基地だった場所を返還するにあたっては、徹底的に安全化を図り、一般の人が使える状態にしないといけないからです。ひょっとしたら不発弾が埋まっているかもしれません。綿密な土壌調査をするには、膨大な時間とお金がかかります。

これらのさまざまな手続きと作業を経て、ようやく基地を解体できるわけです。どんなに短く見積もっても10年はかかります。

本来であれば、移設にはこれだけの時間がかかるということを周知徹底させなければならなかったはずです。それを、今すぐにでも移転が実現するかのように発信してしまったのですから、地元の方々を落胆させる結果となってしまいました。

なぜ基地がそこにあるか、その意味を考える

移設を公言する以上は、こういった工程が必要であること、そしてどれぐらいの時間がかかるのかという予定表を明示しなければ、嘘をついているのと変わりません。鳩山氏は、もしかしたら返還までに煩雑な手続きが必要となること自体を知らなかったのかもしれません（それはむしろ、もっとタチが悪いことです）。

ほどなくして移設問題は白紙に戻され、鳩山氏は首相の座を退きました。しかし、この一連の騒動は、現在なお続く基地の移転問題に大きな禍根《かこん》を残しています。

では、そもそもなぜ、沖縄に基地があるのかを考えてみましょう。そして、どうして米軍の海兵隊は必要なのかも。こうした本質から目をそらし、問題を先送りにしたまま移設についてだけ議論しても、正解は得られません。

まず、米軍基地を海外に移転すると、どのような弊害が生じるでしょうか。

基地にはそれぞれ意味があります。米軍が沖縄に基地を置くのには米国側の思惑もありますが、なにより日本にとって「抑止力」になるというメリットがあるからです。

そこに米軍基地がある。へたに攻撃したら、逆にやられてしまうかもしれない――侵略を企む国にそう思わせるだけで、誰も日本には手を出せなくなります。

これが「抑止力」です。

このような「抑止力」を、私はあえて**「報復《ほうふく》力」**と言い直したいと思います。ようは日本に手を出すと、「報復される」と思わせる（手を出したら「痛い目に遭うかもしれない」と相手に思わせる）のです。

もちろん、ただ基地を置いたり兵隊を配置したりするだけで抑止力にはなるわけではありません。そう思わせるには、他国よりも強い力が必要になります。

しかし、今の日本は「専守防衛《せんしゅぼうえい》」（こちらからは攻撃を行わず、敵が侵攻してきたら自国の領域において防衛すること）という方針のため、報復する能力を保持することができません。つまり、現在日本国内にいて、いざとなれば報復することも辞さないという明確な態度を打ち出すことができ、あわせて実際の能力も備えている組織は、在日米軍、しかも地上打撃能力をもつのは沖縄の海兵隊だけなのです。

報復力を持たない国はいつ攻め込まれても不思議ではありません。戦後、日本は他国から攻め込まれるような状況になったことがないため、想像しにくいかもしれませんが、沖縄から海兵隊がいなくなってしまったら、日本はたちどころに報復力＝抑止力を失ってしまうでしょう。

そのためにも彼らの協力はぜひとも必要です。単純な思いつきで移設したり返還したりすることは、日本に危険を招くことになるのです。

離島防衛という面においても、在沖海兵隊の果たす役割は大きなものです。

沖縄には尖閣諸島を含む多くの離島がありますが、離島に何か不測の事態が生じた時に、その島々に即応性をもって上陸する力も、現時点では在沖海兵隊にしかないからです。そして、こういった報復力＝抑止力のひとつとして、絶対に欠かせない要素が、普天間基地のヘリコプター部隊です。米海兵隊の一番の特性はファーストイン。つまり、何かあった時に最初に現地に入るという即応性です。

米国海兵隊は24時間365日、常に可動する2〜3000人規模の部隊を沖縄周辺に配置しています。その中に普天間のヘリコプター部隊も組み込まれています。ヘリコプターが兵員も物資も乗せずに、カラで飛んでいっても仕方がないことは、おわかりになると思います。

すなわち、ヘリコプター部隊というのは、運ぶ人と運ぶ物が近くになければまったく意味がありません。一時期、普天間基地のヘリコプター部隊をグアムに移転するという案が出ましたが、これは、札幌に住んでいる人が鹿児島に駐車場を借りているようなもの。時間的にも労力的にも膨大なロスが生じ、軍事戦略上、大幅なマイナス要因となります。このシステムをきちんと理解していれば、こんな発想はまず出てこないはずです。ただ、この案は敵性国には好都合です。日本に攻め込んだとしても、すぐには報復されない＝抑止力が発揮されないからです。

普天間基地のベターな移転先はどこか

もちろん、沖縄の住民の負担軽減については真剣に議論する必要があります。私もできることなら、沖縄県民の負担を少しでも減らしたいと考えています。でも、抑止力という重要な意味があって、自衛隊だけで対応できない以上、本当に申し訳ないことですが、普天間基地の当面の移設先はやはり沖縄の中で探さなくてはいけないと考えます。

さらに沖縄の地理的価値もあります。沖縄本島は朝鮮半島、台湾、フィリピンからも「遠すぎず近すぎず」の場所にあります。海兵隊は即応部隊ですから一般に「遠すぎ」てもいけませんし、奇襲効果を考えれば「近すぎ」てもいけません。韓国にいる約3万人の日本人救出、台湾有事への即応、またフィリピンへの自然災害対処といった点でも、「遠すぎず近すぎず」の場所に海兵隊がいることが抑止力上も対処力上も重要です。また現状では、沖縄から基地がなくなることは、安全保障上、かえって沖縄の人たちの暮らしを危険にさらすことにもなるからです。

現実的に考えたら、人口が比較的少ない沖縄本島の北部へ移設するのが、ベストとはいえなくてもベターな選択にはなります。徳之島《とくのしま》*4に移設というプランもありましたが、沖縄本島から200㎞以上も離れているので、抑止力という意味では基地と部隊が地続きになっているところよりも落ちます。なぜなら、地続きであれば、悪天候でヘリを飛ばせなくても陸路で兵士が移動していくことができるからです。

また、ヘリコプター部隊には大きな弱点がひとつあります。それは、地上に停まっているときです。ここを上空から襲われると非常に弱く脆《もろ》いので、ヘリコプター部隊を配置する時には必ず防空部隊もセットで配置します。

さらに、ゲリラからヘリコプターを守るために歩兵部隊も必要になります。それ

***4 徳之島：**南西諸島の奄美群島に属する離島のひとつ。島内には鹿児島県大島郡徳之島町、伊仙町、天城町の3町がある。

だけの人員を徳之島に持って行くとなると、米軍にとっても大きな負担になるし、**何よりも沖縄の防衛力が手薄になってしまう**のです。

そういった条件をクリアできる移転先となると、やはり**辺野古**《へのこ》のキャンプ・シュワブがベターだと私は思います。既存の米軍基地に移るわけですから、ヘリコプター部隊の防護に頭を悩ます必要はなくなります。もちろん、普天間基地の騒音や危険といった問題を取り除くこともできますし、嘉手納《かでな》基地から距離が離れているので、有事の際のエアコントロール（航空管制）もたやすくなります（ふたつの航空基地の距離が近すぎると、何かあった時に空が混雑してしまいます）。

ここはアメリカではなく日本ですから、将来的には米軍基地の中に自衛隊もどんどん入れて、共同使用にしていくのが理想です。

日本を守るために抑止力を維持していかないといけないし、そういった軍事的な部分を無視して「県外だ、国外だ」と議論したところで、アメリカも理解してはくれません。きれいごとを言うだけではなく「今そこにある危機」に対応するためには現実的に何がベターなのかを、政治家はもっと勉強して議論する必要があります。

普天間だけではありません。たとえば、那覇空港は年間1600万人が利用する観光の拠点であると同時に、重要な国防の拠点でもあります。通常の航空機以外に陸海空自衛隊、そして海上保安庁も使用しています。安全保障環境が厳しさを増し、スクランブル（緊急発進）の件数も大幅に増える中、官民が共同で使用する那覇空港は過密状態にあります。2015年6月3日にも、那覇空港で自衛隊のヘリコプターが滑走路を横切ったため全日空機が緊急停止したという事故がありました。空港の拡充が急がれます。

基地を移転させるためには、多くのことを一つひとつ、時間をかけて解決していかなくてはなりません。こうした事情を理解せずに、国民から支持が得られそうだからと「国外移設」と主張する国会議員が多いように思います。
果たして鳩山氏は、あの発言をする前に沖縄に何度足を運んだのか。そしてどれだけ沖縄の人の声に直接耳を傾けたのでしょうか…。

自衛隊員のリスクを最小限にするために

このように、集団的自衛権にはさまざまな検討事項があります。もちろん、今後とも議論を重ねていくべきでしょう。そして、そのことについて議論を尽くし、正式な手続きを踏むには、相当の年月を必要とします。

しかし、残念ながら、現在の国際情勢はそれまで待ってはくれません。各国のおかれている状況の変化や兵器の進化によって、安全保障環境はどんどん厳しさを増しているのです。

日本がすべきことは、**国家国民を守るため、現憲法下で最大限、できることをやれるようにすることです。**

1限目で詳しく触れた平和安全法制は、そのための重要な布石です。当然、自衛隊のできることが多くなるのですから、**「自衛隊員のリスク」と「自衛隊員の名誉と処遇」についてもきちんと議論していく必要があります。**

そもそも「守る」とは、自分の身を危険にさらして、味方の安全を確保することです。味方を守るために、誰かがリスクを覚悟で行動しないといけません。自衛隊がリスクを背負わなければ、国家国民の安全を保障することはできません。だから、自衛隊の任務には常にリスクがともないます。これが国防の本質なのです。法案反対派が、自衛隊員のリスクばかりを問題にするのはおかしなことで、自衛隊のリスクをいうなら、国民のリスクはどうでもよいとでもいうのでしょうか？

我々は、**自衛隊員のリスク論から国民のリスク論に踏み込んだうえで、自衛隊員のリスクをいかに最小限に抑えるかという議論を進めなくてはならない**はずなのです。

そのためには、政治家が自衛隊に「ここまでリスクを最小化したが、こういうリスクは背負ってくれ」としっかり頼む必要もあります。政治がリスクを最小化することは重要ですが、それでもリスクは残ります。最終的には現場指揮官が部隊を指揮・統率してから、隊員の安全確保を図らなければなりません。

その意味で、リスクを明確にすることは、自衛隊にとっても必要なことです。

繰り返しになりますが、あらかじめリスクがわかっていてそれを想定しながら動くのと、現場で当事者たちがそのときどきの状況をみながら判断を迫られるのとでは、リスクへの対処のしかたも違ってきます。あらかじめ想定されているほうが、スムーズに対処できるのは言うまでもありません。

戦争を起こさないための集団的自衛権

それにしても、果たして集団的自衛権はリスクを増やすことになるのでしょうか。安倍首相は、先述の演説で、次のような意味のことも述べています。「アジアの安全保障ダイヤモンド」構想については、3つの原則がある、と。

すなわち、

・国家が何かを主張するときは、国際法にもとづいてなすこと

・武力や威嚇は、自己の主張のために用いないこと
・紛争の解決は、あくまで平和的手段によること

以上の3つです。

憲法第9条を支持する護憲論者《ごけんろんしゃ》の方々の中には、この3原則と今の日米同盟を強化しようとする動きとの間に、矛盾するものを見つけた気になるかもしれません。

しかし、ここまでの議論をみればわかる通り、集団的自衛権を支える新しい関係の日米同盟は、**むしろきわめて温順な平和主義の理念にもとづいています。**抑止力を働かせて、実際には紛争に発展する可能性を低くしようというものだからです。

相手がうかつに動けない状況ができあがれば、対話の余地が生まれ、外交努力で平和への道筋を探ることが可能です。

かつて互いに大きな戦争を経験した日本とアメリカだって、一生懸命外交努力をしながら、今の関係を築き上げてきたのです。

「戦わずに国を守る方法」とは、すべての軍備を放棄するという意味ではありませ

んし、軍備をもった国とは手を結ばないということでもありません。**抑止力を持つことです。**へたに手を出したら、自分のほうがもっとやられてしまうと相手に思わせることが抑止力です。たとえばひ弱なお金持ちが相手であれば、ちょっと殴ってお金を巻き上げてやろうと考える人はいるかもしれませんが、**横綱に殴りかかる人はいないでしょう。**抑止力とは、実はこれくらい単純な側面もあるのです。

日米同盟は一方的な対米支援ではない

それでも「これだけ連携が強くなったら、アメリカから兵を出すように要求されたら断れないのではないか」という声があるのもわかります。

しかし、今回の法律案では、**日本はアメリカの要求を拒否できるしくみになっています。**集団的自衛権といっても、目的は「他衛」ではなく「自衛」であり、日本に関係のないところでは行使できません。

法案が認められたからといって、たとえば自衛隊がアメリカまで行って、アメリカを守るなどということはありませんし、アメリカも日本に対してそんな期待をしているわけではありません。実際に先般締結された「新日米防衛協力指針」でも明記されています。すなわちアメリカも理解しているのです。

集団的自衛権を行使する一例に、こんなケースがあります。

現在、お隣の韓国には約3万人もの在外邦人が在住していますし、アメリカ人、フィリピン人、ベトナム人は日本人より多くいます。万が一、朝鮮半島で有事が発生したら、多くの国が数十万の第三国人を民間と軍の輸送手段を使って（韓国から近い）日本に運ばないといけません。その際、在外邦人を救出するため、北朝鮮から救出活動などを行っている外国船の護衛をする必要があります。

現行法では、日本本土が攻撃されたり、宣戦布告をされない限り、外国の救出船の護衛を行うことができませんが、集団的自衛権の行使を容認することにより、それができる場合もあります。

情けないことに、この程度の安全保障を実現するために、精一杯の知恵を絞っている段階なのです。日本の軍拡につながるなどという話ではありません。

日本の周辺やＰＫＯの現場で同盟国と行動している時に、「お互いに守り合いましょう」とか「お互いに情報を交換しましょう」といった常識的なレベルの話で、人間として当たり前の行動を認めるだけのことなのです。

ただし、別の見方をすれば、これは日本の身勝手ともいえるでしょう。

通常の集団的自衛権は、同盟関係にある二国間で、お互いに「やられたら助けに行く」「こちらがやられたら来てもらう」ものです。ところが日本の場合はフルスペックではなく限定的な集団的自衛権で、**「このまま放置したら日本人の暮らしや命が脅かされる」場合にのみ適用できる自分に都合のよい集団的自衛権であって、アメリカまで行ってアメリカを守るようなものではありません。**かぎりなく個別的自衛権に近いものなのです（ただ国際法上は集団的自衛権と言わざるを得ません）。

仮に北朝鮮と韓国の間で衝突が起きた場合でも、米軍は韓国側に立って参戦し、イージス艦を日本海に展開しますが、その際、日本にはまだ直接戦火は及んでおらず、北朝鮮がはっきり宣戦布告を行っていないという状況下では、個別的自衛権は発動されません。個別的自衛権が発動できないからといって、結果として日本を守っている米イージス艦を自衛隊が守らなくてよいのでしょうか。ミサイルが日本に着弾し、国民に犠牲が出るまで自衛隊がなにもしなくてよいとは思いません。こういうケースで自衛隊が米イージス艦を守る場合、国際法上は集団的自衛権の行使に当たりますが、あくまで目的は日本人を守る自衛であり、憲法の許容範囲と考えます。

現憲法下でできるかぎりのことをしよう

本当のことをいえば、しっかり調整・説明しないと、現場の米軍は混乱するかもしれません。「お互いに守り合う」と言いながら、自分の都合で助けに行ったり行かなかったりするわけですからね。

唯一の例外が、ホルムズ海峡の機雷掃海です。1限目でも触れたように、機雷掃海は「武力行使」という意味づけになるため特異なケースになりますが、後はほとんど中国・北朝鮮などの脅威を念頭においた、日本周辺での事態を想定したものばかりです。しかし、これが**今の日本の、そして憲法第9条の限界なのです。**

このような現状で、アメリカとの相互の信頼関係を本当の意味で保つことは難しいでしょう。リスクを共有することで信頼は高まるものだからです。

私がイラクに派遣された2004年4月に、ペルシア湾で日本のタンカー「高《たか》鈴《すず》」が武装勢力に襲撃され、銃撃を受けました。守ってくれたのは米海軍とコーストガード（沿岸警備隊）です。

そのおかげで日本のタンカーの乗組員は全員無事でした。しかし、米海軍2名、コーストガード1名の計3名の若い命が失われました。彼らにも小さな子どもがいましたが、日本の油のために犠牲となったのです。

そのときアメリカ側は何と言ったでしょうか。

「同じ活動をやっている仲間を助けるのは当たり前だ」

近年では日本用の石油の輸送用タンカーに外国人が乗っていることが多く、「高鈴」

にも日本人の乗組員はほとんどいませんでした。

それでもアメリカは、「同じ活動をやっている仲間を助けるのは当たり前だ」と言ってくれたのです。

それは、インド洋で海上自衛隊が給油活動にはげみ、陸上自衛隊もイラクやクウェートで汗を流していたからです。

◉日本の信頼を失墜させた特措法の失効

ところが、2007年、第一次安倍政権が退陣する直前の選挙で自民党が大敗したことで衆参のねじれが生じ、当時の小沢民主党が「インド洋での給油は憲法違反」としてテロ対策特措法の延長に賛成せず、法律が失効しました。そのため、給油活動を行っていた海上自衛隊も帰国を余儀なくされたのです。

その途端、どうなったか。日本に対する信頼がガタ落ちとなってしまいました。「日本の油を守るためにアメリカの若者が死んでいるのに、日本人は国内の事情で帰るのか」というわけです。

フィナンシャルタイムズは一面で「これは武士道ではない。日本は臆病ものだ」

とまで書きました。

その後、２００８年に補給支援特別措置法（テロ対策海上阻止活動に対する補給支援活動の実施に関する特別措置法）が成立し、洋上給油が再開されることになった際、議員になっていた私は再びインド洋へ向かう船を見送りに横須賀へ行きました。そこで、派遣される司令が政治家、メディア、家族などが大勢いる前で、驚くべき挨拶をしたのです。

「憲法違反と言われた我々にも意地と誇りがあります。日本のために汗を流して参ります」

現役の自衛隊員が、公の場でこのような発言をするのはきわめて異例です。各国との信頼で行ってきた活動が、政治によって納得のできない形で中断したことに対する、悔しい思いがにじみ出た発言でした。私も司令の言葉とその思いに触れ、涙を禁じ得ませんでした。

自衛隊の本質は「国防軍」であるべき

こういった問題が先送りにされたり、解釈が揺れ動いたりしてきた背景には、戦後、自衛隊の存在そのものが曖昧《あいまい》なまま放置されてきたことに原因があります。

いまだに「自衛隊は不要だ」と言う人がいます。

存在そのものが違憲であると言う人もいます。

東日本大震災での活躍を見て、「自衛隊を救助部隊にしてしまえばいい」という人もいました。

しかしそれは、大きな間違いです。

もし、災害派遣や人命救助を目的とした組織だったら、東日本大震災であそこまでの救助活動や復興支援はできませんでした。

なぜ、自衛隊が未曾有の大災害で粛々と任務を遂行できたのか。

それは**常に「最悪の事態」を想定して厳しい訓練を積んでいるから**です。

日本が他国に攻め込まれて存亡の危機を迎えるような状況まで想定して、自衛隊は毎日過酷な訓練をしています。

だから、津波に呑まれて瓦礫《がれき》に埋もれた場所であっても、救援物資を運ぶための道路を復旧し、多くの生命を救うことができたのです。

これが、災害救助だけを考えた部隊だったら、少なくとも東日本大震災のような未曽有の災害では、力を発揮できなかったと思います。

本当に日本を守り抜きたいのであれば、もっと自衛隊について認識を深めてほしいと切に願います。自衛隊の本分はあくまでも国防なのです。

他国から攻め込まれる危機に備えて全国に配置され、万が一のことまで想定して、日夜訓練に励んでいます。

2限目でも述べたように、今、日本には多くの危機が迫っています。みなさんを不安な気持ちにさせるのは本意ではありませんが、現在の自衛隊の規模では、日本を守り抜くにはなにもかもが足りないのです。

東日本大震災では、10万人規模の災害派遣が初めて実施されました。

陸・海・空全自衛隊が揃っても、日本を守り抜くには現状、隊員の数が全然足りていません。それなのに、貴重な10万人が被災地に投入されたわけですから、逆にそのとき、日本の対外的な防衛力が手薄になっていたということでもあります。万が一、また同じような震災に襲われた時、他国が攻め込んできたら、とても国民の命も領土も守り切ることはできません。

そもそも、あの10万人派遣は、菅直人《かんなおと》首相（当時）が何の根拠もなく出した数字でした。

本来ならば、どこでどれだけの部隊がどんな任務を担当するのかをしっかりと計算したうえで指示を出さなければ、どれだけたくさんの隊員を派遣しても、効率的に動かすことはできません。

おそらく菅内閣ではそういった計算がまったくできていなかっただけでなく、その間の国防が激しく弱体化することすら認識していなかったと思います。10万人を投入するなら、その分の対策・対処が必要なのは当然です。

今後、集団的自衛権を認め、対外的な抑止力を高める方向に日本が向かうのであれば、まずは自衛隊の在り方をきちんと明確にすべきでしょう。

それには、自衛隊という曖昧な名称ではなく、ゆくゆくは憲法を改正し、**「国防《こくぼう》軍《ぐん》」**というかたちで、その役割を再確認するべきだと私は考えます。

日米同盟＝積極的な平和主義

とはいえ、たとえ議論の余地はあるにしても、憲法第9条が戦争を起こさないために盛り込まれた条項であることに、現状では私も異論はありません。

しかし、それと同じく、日米同盟もまた、日本が戦争を起こさないための必要条件であると、私は自信をもっていうことができます。

アメリカ側でも、2014年11月にヘーゲル米国防長官が発表した「国防イノベーション構想」など、**同盟関係の強化に向けて着々と計画を進めています。**

アメリカは厳しい財政状況の中で軍事的優位性を維持・拡大するために、「長期研究開発計画」（ＬＲＲＤＰ）を打ち出しており、その中で特に重視する技術分野を示しています。「高エネルギーレーザー兵器」はそのひとつで、米海軍では既にレーザー兵器を艦艇に搭載し、試験的な運用を始めています。

長期的視点にもとづきつつ、戦略を体系的に構築し、細部に落とし込むことで、必要な施策を具体化していくアメリカから、日本が学べることは少なくありません。

また、毎年シンガポールで開催されている**「アジア安全保障会議（シャングリラ会合）」**[*5]で、我々は日本と地域の国々との関係強化を目指し、新しい構想を提案しています。

「シャングリラ・ダイアログ・イニシアティブ」（ＳＤＩ）と名付けられたこの提案では、①共通のルールと法規の普及、②海と空の安全保障、③災害対処能力の向上などを柱としています。日本が南シナ海周辺地域における平和と安定に寄与するうえで、とても意義のある構想です。

４年振りに開催された日韓国防大臣会談では、日本側から、２０１５年10月に予定されている自衛隊観艦式への韓国艦隊の参加や、捜索・救難共同訓練の実施など

＊5 アジア安全保障会議（シャングリラ会合）：英国国際戦略研究所が主催し、シンガポールで開催される。アジア太平洋地域の国防大臣などが多数参加。

の提案もなされています。

このように、日本はいま、抑止力の強化を背景として、「対話」の部分、すなわち外交努力にも全力に取り組んでいるところです。

再び先の安倍首相演説から引用するなら、「国際協調主義にもとづく、積極的平和主義」こそは、日本の将来を導く旗印です。日米同盟は「希望の同盟」といえるでしょう。

現行の憲法や国際社会の枠内で、最大限できるだけのことをやろうではありませんか。

集団的自衛権は、国際協調主義にもとづく積極的な平和主義にもとづくものです。「まずは対話を」という人もいますが、対外的な抑止力を高めることで、はじめて対話の余地ができるのです。
抑止力と外交努力の両輪が必要なのです。それを使って戦争を起こさせないようにすることが、政治家の一番の仕事なのです。

4限目

自衛隊員のリスク
をいかに下げるか？

リスクがあるなしではなく、リスクをいかに下げるか

私は、日々参議院議員として政治活動を行っているかたわら、自衛隊員のご家族のみなさんで組織されている全国の父兄会の相談役を仰せつかっています。

国会では自衛隊員の活動や地位に関わる平和関連法案についてさかんに議論されていますが、自衛隊員を身内にお持ちのご家族、ご親族のみなさんは、大変な不安を胸に、審議の行く末を見守られていることでしょう。

そうした不安を少しでも払拭《ふっしょく》するために、実際のところどうなるのか、法案が通ることが自衛隊員やご家族のみなさん、ひいては日本にとってよいことなのか、よくないことなのか、私のほうからできるかぎりの説明をしていきたいと思います。

国会では、自衛隊の処遇や憲法解釈など、日本の安全保障に関してさまざまな激論が昼夜交わされています。しかし、現場の感覚と国会議員の認識との間に、大きなズレを感じている自衛隊員はとても多いはずです。

よく、「自衛隊員のリスクはどうなっているのか」といった話が、特に法案反対派から出てきます。もちろん、これは純粋に自衛隊員の身を案じて行われているというよりは、あくまでも法案反対のための戦略の一環として感情面に訴えかけているということもあるでしょう。しかし、現実問題として、これまで目を背《そむ》けてきた、自衛隊員が戦闘に巻き込まれて亡くなるかもしれないというリスクについて、真剣に議論しなければならない状況にきていることはたしかです。

実は、私の息子も自衛隊員です。息子を含め、現場の多くの自衛隊員は、「リスクがあるからといって、自衛隊はなにもしないわけにはいかない。国民の命を守るためには、ある程度リスクがあっても自衛隊は動かなくてはならない」

と言うのです。

われわれ政治家にとって大事な議論は、「リスクがあるのかないのか」ではなく、「当然あるであろうリスクを、いかに下げるのか」ということです。人間のやることですから、もちろんリスクをゼロにすることはできません。だからこそ、いざというときに備えて、自衛隊員の名誉や処遇をどうするか、しっかり話し合っておくべきだと私はかねてより主張しているのです。これは政治の責任です。

自衛のための戦争をしなくてよい国際環境をつくり上げる努力を続けることは、もちろんとても大切なことです。

しかしそれと同時に、最悪の事態を想定し、自衛隊がしっかり動ける活動基盤——予算、人、装備を整えておくことも、同じように大切な政治家の役割です。

◉自衛隊を法律で縛るのはかえって危ない

私はゴラン高原、イラクで、自衛隊の指揮官としてさまざまな体験をしてきました。そんな私の経験上、海外派遣で一番困るのは、日本国内の通常訓練で行っていることを海外ではやってはいけないということです。

これは自衛隊にとって非常なストレスとなります。たとえば私が最初に隊長として参加したゴラン高原のＰＫＯ活動では、上官は部下である隊員に対して「撃て！」と命令できませんでした。憲法の禁ずる武力行使にならないように、部下は個人の判断で、しかも正当防衛の時しか撃ってはいけないのです。

政治家の中には、自衛隊に縛りをかけることが平和的な活動につながると勘違いしている向きもありますが、その考え方はとても危険です。現場で一番正確な情報をもっているのは上官です。その上官が命令できず個人の判断でバラバラなことをいってしまったら、危なくてしかたがないのです。

だから私は訓練の時、部下によくこんなふうにいったものです。

「2、3人いたら、一番の先任者が先に撃て。これが射撃号令だ」

しかし、これでも不十分です。やはり国内で訓練を行っているのと同じような訓練を海外でもできるようにしないと、本当に守れる命も守れない場合があるのです。自衛隊の任務と権限のギャップを埋め、せめてほかの国と歩調を合わせられるようにしましょう、というのが今回の法案の狙いなのです。

私がイラクにいた時、同志だった外務省の奥《おく》克彦《かつひこ》参事官が亡くなりました。日本人のメディア関係者も亡くなりました。

近くにいる日本人やNGO[*1]の方が襲われて「助けてくれ！」と言っても、武器を使用して助けることができないのです。

また、自分の部下の隊員が離れた場所、たとえば道路工事作業や学校をつくる作

*1 NGO：Non-Governmental Organization。非政府組織、特に民間の国際協力組織を指す。海外での開発援助や人権、環境などの問題に取り組む。

業や医療支援を行っている最中などに襲われても、本隊は武器を持って助けに行けないのです。なぜなら、正当防衛ではないからです。

これは本当に困ります。現地では、指揮官が状況を考えて判断し、指揮監督するのが当然です。自分の部下隊員を守れないなんて、一緒に行動している他国の軍隊では考えられないことです。

本気で隊員のリスクについて考えるのであれば、任務遂行を含めた武器使用を認めるべきです。
もちろん、どこまでやるかは議論の余地がありますが、もう少しほかの国の基準に近づけて任務と権限のギャップをなくさないと、まともな作戦に参加することもできません。

現場からの悲痛な叫び、現場を知らない政治家の議論

南スーダンで暴動が起きた時、そこへ派遣されたある隊長は本当に困っていました。暴動で市民が何万と押し寄せてくる中、警告の射撃もできないのです。

「佐藤さん、武器使用に関する縛りはなんとかならないでしょうか。早く法律を改正してください！」

と悲鳴に似た声で、私に懇願《こんがん》してきました。

このように、現場の人たちが動けなくて困っているのです。政治の力で何とか動けるようにしなければなりません。

こうした事例はいくらでもあります。

昔、私がイラクのサマワで活動していたころの話です。

サマワは「非戦闘地域」ということになっていました。「非戦闘地域」とは、活動の最初から終わりまで戦闘が起きない、つまり、人の殺傷や物の破壊が起きない

地域を意味します。

戦闘地域ではないのですから、当然そこではいっさい武力は行使されません。これは当時の官僚が〝憲法9条に抵触しないように〟と考えた政治的概念です。

でも、そこで戦闘が起こらないなんて、派遣前も派遣中も誰がわかるのでしょうか？

もちろん現場の指揮官ですらわかりません。ましてや、派遣前に、現場にいない政治家にそんなことがわかるわけがありません。

実際、サマワの我々の宿営地に銃弾が撃ち込まれたこともありますし、市内でオランダ兵が手榴弾で殺されたりロケット弾が飛び交ったりしたこともあります。

「もうサマワは戦闘地域ですね」

こうメディアに詰め寄られたとき、当時の小泉純一郎首相がいった言葉は、実に印象的でした。

「自衛隊のいるところが非戦闘地域です！」

これでは現場はたまったものではありません。

私も、メディアからさんざん聞かれました。

「では、どこからどこまでが戦闘地域か教えてください」

「そんなことわかるか！　こちらに聞かないでくれ」

口にこそ出しませんでしたが、あの時は本当に、そんな心境でした。

自衛隊の活動場所はどうやって決めるの？

大事なことは「じゃあどこで自衛隊は活動するのか？」「具体的にはどういう任務か？」ということです。わざわざ、戦闘が起きている現場の真横や真後ろに自衛隊を派遣するはずがありません。今回の法案では、現場が迷わないように「現に戦闘が起きている現場」でやらない。それ以外の地域から活動場所を選ぶということになりました。活動とは、もちろん後方支援のことです。

過去に行われた事例から、たとえば、以下のような活動が後方支援に当たります。

・海上自衛隊がインド洋上で、艦艇に給油する
・航空自衛隊がイラクの空港まで物資を輸送する
・陸上自衛隊がクウェートでイラクの補給整備を支援する

大事なのは明確な活動範囲の線引きを、国会が定めることです。

◉日本を取り巻く世界の状況は以前と変わってきている

安倍首相が今回この法案を出した一番の理由は、日本の周辺がこれまでの状況と全く違ってきているということです。

2年前、首相に就任して1か月もしないうちに、安倍首相は大変ショッキングな経験をしました。**アルジェリアの人質事件**（16ページ参照）です。

国民の命を守るべき立場であるはずの安倍政権は、10名の日本人の命を守ることができませんでした。

今、海外には130万人の日本人が住んでいます。ISILというテロリスト集団も出てきました。

アジア周辺国の現状はどうでしょうか？

まずは中国。

中国には「国境は国力に応じて変化する」、という考え方があります。そのうえ、いまの中国政権は中央が強い権力を有しています。

かつて中国は西に行き、チベットを武力で押さえて自治区としました。次に西北に行き、資源豊富なウイグルを自治区としました。そして北に行き、内モンゴルを自治区としました。これらはみな陸続きですが、海軍力がついてきた現在、今度は南シナ海や東シナ海のほうに乗り出してきています（2限目を参照してください）。

それと同じか、それ以上に気がかりなのは北朝鮮です。とても若い指導者、金正恩がトップに君臨する国家です。

父親の金正日《キムジョンイル》も、政敵の叔父を失脚させましたが命までは取りませんでした。しかし、息子の金正恩は叔父を公開処刑までしました。そんな冷酷なリーダーが日本の隣にいるのです。しかも、日本を全部射程に含めた弾道ミサイルを多数、所有しています。

危機感が希薄だった東北は、日本国民気質の象徴だ

繰り返しますが、自衛隊は法律がなければ1ミリも動けません。自衛隊には中学、高校を卒業したばかりの若者も入隊してきますが、育成に約10年はかかります。たとえ法律ができて「すぐ任務に就いてくれ」、といわれても簡単にできるものではありません。訓練には時間を要します。

このように、なにごとにも時間をかけた備えが必要だと、特に私が考えるようになった原点は、2011年3月11日の東日本大震災でした。

私は福島の出身です。

東北の福島、岩手、宮城の方々は本当に反省しています。「地震、津波が来る」と言われていたのに備えを十分にしていなかったからです。

「備えあれば憂いなし」が「憂いあれど備えなし」になってしまっていました。

危機管理というのは、備えをして十分訓練していなければ実践できません。リーダーが国民の命を守るという強い意志、危機感がなければ備えられないのです。

「自分の国は絶対に攻め込まれない」

「自分の地域は絶対に災害が起きない」

「自分の家は泥棒に入られない」

「自分の家は火事にはならない」

こんなふうに思っていたら、防衛も防災も防犯も防火もいい加減なものになってしまいます。どれだけ危機感を持つかが、備えに関わっているのです。

でも、

「日本は島国で陸続きではない」

「日本は戦後ずっと平和だった」

「日本はアメリカと日米同盟を結んでいる」

ということもあって、危機について深く考えてきませんでした。

非核三原則[*3]というのがありますが、あれを私は「非核五原則」と言っています。「持

＊3 非核三原則：核兵器を「持たず、つくらず、持ち込ませず」とする日本政府の方針。1968年に当時の佐藤栄作首相が国会で表明、71年に採決された。

たず、つくらず、持ち込ませず」に加えて、「考えもせず、議論もせず」というわけです。

北朝鮮や中国、ロシアの核に対して、どうやって国民の命を守るかという時に「持ち込ませない」というのが本当に正しいかどうか、持ち込ませなくて命が守れるかどうか、日本人は議論しません。

日米同盟がしっかりしていて、自衛隊が活躍していて、島国で、ずっと平和だったからといって、考えなくてもいいわけではないのです。

いざとなったら、自衛隊や米軍や国連がなんとかしてくれると思ったら大間違いです。
頭の中だけの理屈と実情は違うということを、世界をよく見渡して認識すべきでしょう。

個別的自衛権VS集団的自衛権、日本にとってよいのはどっち？

そんな中での、「集団的自衛権」についての議論です。

たとえば、私が何者かに攻撃されて、私が自分の力で跳ね返したとします。これは個別的自衛権です。

一方、私と密接な関係にある人が攻撃されたとして、それを私が守ってあげたとします。これが集団的自衛権です。

どちらが相手にとって、よりイヤなことでしょうか？

もちろん集団的自衛権です。

誰が考えても、ひとりで対応するより、**複数でお互いに守り合う関係のほうがいいに決まっています**。これが集団的自衛権の抑止力です。

抑止力が効いて、それで争いごとが起きないのであれば、それが一番ですよね。

「ならば、これまでと同様の日米同盟があれば十分ではないか？」と思う方もいるでしょう。しかし、現状の日米同盟では、日本が個別的自衛権を発動した後でないとアメリカは武力行使はできません。すなわち、個別的自衛権を発動する直前の「すきま」には、現状では対応できないのです。

それなら、「国連があるのでは?」という意見もあります。

しかし、国連というのは、アメリカ、イギリス、フランス、中国、ロシアの5つの常任理事国のうち1国でも「うん」と言わないと、集団的自衛権を発動できません。いわゆる拒否権です。そのため、ウクライナはロシアにクリミア半島をとられてしまいました。ロシアが安全保障理事会の常任理事国のため、いざとなれば拒否権の発動も可能ですから、国連は動けなかったのです。

アメリカのオバマ大統領もイギリスのキャメロン首相も口ではいろいろ言っていましたが、自分の国の若者の血を流してまでクリミアを守ろうとは思わないのです。ウクライナは北大西洋条約機構（NATO）にも加盟していません。つまり集団的自衛権の対象ではなく、義務も責任もありませんでした。だからウクライナを誰も助けてくれなかったのです。

台頭する大国の横暴、沈黙する国連

ベトナムも同じ状況にあります。まさにウクライナがこのような目に遭っている時、常任理事国の中国はなにをしていたでしょうか。なんと、**勝手にベトナム沖で石油試掘・探査を始めていたのです**。

国連は、中国が安全保障理事会の常任理事国ですから、もちろん見て見ぬふりです。中国は国連や欧米の出方を探っていた感もあります。

想像してみてください。ベトナムが、自分の庭先にも等しい沿海で石油をどんどん中国に掘られている。それなのに、どうすることもできない。

ベトナム、フィリピンは、日本にとっても非常に影響力のある国ですが、昔はここにフランス軍がいました。しかし、フランス軍が引いたとたんに、中国は西沙諸島の半分に武力侵攻して大勢のベトナム人を殺害しました。

次に米軍が引くと、今度は残り半分を武力侵攻して制覇してしまいました。

さらに、南沙諸島の7つの島をベトナムから武力で奪い、その後、フィリピンからミスチーフ礁を奪いました。最近では中沙諸島のスカボロー礁を奪い取って実効支配しています。

そして今、中国は国連や欧米がベトナム沖での石油試掘で動かなかったことを見切ったうえで、南沙諸島の海を盛んに埋め立て、人工島をつくり、軍事施設も設置しています。

なぜ、こんな中国の横行が見過ごされているのでしょうか?

それは、**ベトナムやフィリピンを集団的自衛権で守ろうとする国がないから**です。フィリピンは国内にあったふたつの基地から米軍が出て行った後も、自衛のための努力を怠ったため、潜水艦も戦闘機も持っていませんでした。これでは、中国にかなうわけがありません。しかもアメリカはいない。抑止力が効かないのです。

このようにして、だんだんベトナムやフィリピンの周囲が中国の海になってしまっています。そこを通る日本の油を積んだ船は、いつでも中国に止められてしまう。そんな事態になってしまうかもしれないのです。

手薄な南西諸島、日本の防衛装備の限界

2限目で述べましたが、中国の艦隊が太平洋に出るためには、どうしても南西諸島が邪魔になります。ですから、いま中国は沖縄にものすごいプレッシャーをかけています。

実はこの南西諸島というのは、青森から山口、本州がすっぽり入るくらい広いのです。一番南端の与那国島は台湾対岸から約110km、沖縄本島まで約500kmの位置にあります。人口は1600人弱。町長いわく、駐在所は2か所で、ようするにピストル2丁で島を守っているということです。

こんなおめでたい国は普通ありません。誰かがライフルをもって上陸してきたら、とても太刀打ちできません。

航空自衛隊に「何とかしてくれ！」とすがっても、F-15戦闘機が配備されているのは約500km離れた沖縄本島です。ならば陸上自衛隊に……と思っても、今沖

縄の陸自は本島にしかいません。海上自衛隊の一番近い基地は長崎県の佐世保で、1200㎞離れています。

しかも、島の領空はとても小さいのです。

領空というのは領土と領海を合わせた面積と考えていただければよいのですが、領海は砂浜からたったの12**海里**[*4]です。領空の外から宮古島や石垣島を爆撃するくらい、今の中国にとっては朝飯前のことです。領空侵犯は領空に入ってこないと対応できませんから、航空自衛隊がいたってなにもできません。領空の外から撃たれたら、武力ではまったく対応できないのです。

このような状態ですから、やはり日米が連携して、平時からグレーゾーンも含めてお互いに守り合う体制をとっておいたほうが抑止力は上がるのです。

今回の法案では集団的自衛権に「限定的」という枕言葉をつけましたが、これは憲法が認める必要最低限の武力行使である、というふうに定義しています。国民の命に犠牲が出てからの反撃では意味がないからです。

隣に火事があったら、その火の粉が自分の家に振りかかるまえに日米が連携して

***4 海里**：海面上の距離の単位。1海里は1852mに相当する。12海里は約22㎞。

火を消さないと、国民の命が守れないという時があるのです。

それにしても、なぜ安倍政権が実効的な備えをしようとしているのでしょうか？安倍首相の念頭にあるのは、アルジェリアの人質事件というのももちろんありますが、ここまで彼を堅く決心させた出来事は――東日本大震災だったと言われています。あの時、本気で備えをしていなかったばかりに、東北のみなさんは大変な目に遭われました。

自衛隊に無理をさせないために、熟議と法律を！

被災直後の3月下旬、私は被災地のとある病院に行きました。そこで、院長先生とお話をしました。彼の目は真っ赤で、ほとんど寝ていないことは一目瞭然です。

私はその先生にこんなことを聞きました。

「先生、どうしてそんなに頑張れるのですか？」

院長先生の答えはこうでした。

「私はあの日、津波が近づいてくる中、入院患者を屋上に避難させるのに必死でした。でも、80歳過ぎのおばあちゃんを助けるのに間に合いませんでした……」

「おばあちゃんのベッドを津波がさらっていく時の光景を、私は一生忘れません。おばあちゃんは、そのベッドの上で私に手を振りながらこう言ったのです」

『せんせーい、ありがとーございましたー！』

「佐藤さん、私は院長、つまり病院のリーダーです。それなのに災害への備えを十分にしておらず、全員を助けることができませんでした。本当に反省しています。でも、私にはまだ守るべき命があります。だからこうして今、私は頑張っているのです」

私は、まったく頭の下がる思いで、彼の話をただ聞くしかありませんでした。

誰かを守るというのは、まさにこういうことです。それは、自衛隊もまったく一緒です。あの震災のとき、自衛隊は緊急事態宣言がないため、現行法の縛りがあり動きたくても十分に動けませんでした。

それだけに、ものすごく無理をした隊員も大勢いました。ひとりでも多くの人を助けたい、その気持ちは痛いほど理解できますが、無理をしすぎて隊員を潰してしまうわけにもいきません。そこを管理、コントロールするのがトップ、政治家の役目なのです。

先ほど述べたように、私の息子も自衛隊にいますから、ご家族の心配するお気持ち

自衛隊のリスクがあるのかないのか？　なんていう議論をいつまでもしているのはおかしいことです。
自衛隊の現場はそう見ています。それよりも、いかにしてリスクを下げるのかを、もっと政治は議論しなければなりません。

はよくわかります。いたずらに、それいけやれいけ、といった**無茶な送り出し方は絶対にさせません。自衛隊員の命も一般の方々の命と同じ、一人ひとりかけがえのないものなのです。**

我々はそのために日々国会で戦っています。どうかみなさんもそんな我々を応援し見守っていただきたいと思います。

高校生にも読んでほしい

5限目

スッキリわかる！
安全保障Q&A

Q 集団的自衛権が認められたら徴兵制《ちょうへいせい》が始まるってホント？

A ありえません。そもそも憲法は徴兵制を認めていません。

集団的自衛権が行使されると、戦争をしている同盟国のために自衛隊が戦場へ出かけていかなければならない。そうなると、戦場に赴きたくない隊員がどんどん辞めてしまう。だから、これから日本は徴兵制をしくことになるのでは？

実際に国会で、こんな質問が出ました。

徴兵制になるから、集団的自衛権はよくないというわけです。

これはかなり極端な考え方です。

まず、憲法第13条および**憲法第18条で徴兵制を認めていません**。導入するためには憲法を改正しなければならないわけですから、国民が希望し、決断しない限り徴兵制が実施されることはありません。それに自衛隊には、黙っていても隊員が集まるわけではありませんが、地方協力本部の募集努力などにより、徴兵制を行わなくても十分人材が集まります。また、**無理に集めて素人同然の隊員を増やしても、近代兵器を扱う現代戦で戦力になるとは考えられません。志願制だからこそ厳しい訓練に耐えうる強い意志が生まれるのです。**

むしろ大事なのは、いまいる隊員たちのモチベーションをしっかり保ってあげること。そのためには、名誉と誇りと権限を与えることです。活動中になにかあったときの補償を含めて、きちんとしたものを提示するのは、政治の役割だと思います。

Q 自衛隊が暴走する危険はないの？

A 文民統制がしっかりとられているので、暴走はありえません。

自衛隊が暴走するというのは、政治家や国民の意思に反して積極的に軍備を増強し、日本を戦争するように仕向けるようになるのでは……ということかもしれませんが、これは、戦前の歴史をむりやり現代に当てはめた、こじつけだと思います。

日本人はそれほど愚かではありませんし、自衛隊員だって、いや、危険にさらされる可能性の高い自衛隊員だからこそ、誰よりも平和な世の中を望ましいと考え、戦争を心から憎んでいます。一番慎重なのは現場の自衛隊員だと思います。それに、日本の基本方針としては、集団的自衛権を行使する際、必ず**国会の事前承認を必要とします**。つまりこれが、シビリアンコントロール、文民統制です。文民統制とは、軍人でなく文民（政治家など）が軍隊をコントロールすること。政治家を選ぶのは国民ですから、間接的ですが国民が軍隊（日本の場合でいえば自衛隊）をコントロールしていることになります。

Q 集団的自衛権を行使すると戦争がしやすくなる？

A いいえ。集団的自衛権は、むしろ戦争を抑止するためのものです。

これはまったくの誤解と断言しましょう。

常識的に考えれば、いかなる国にも他国と戦争するメリットはありません。現在はほとんどの国が近代的な軍事力を備えています。その周辺諸国も黙ってはいません。戦争をして一方的な勝利を収める可能性は、ゼロに等しいといえます。

多くの尊い命が奪われ、莫大な資金があっという間に消える戦争が有益かどうかなんて、考えればすぐにわかることですよね。

戦争を望まないのは国民も政治家も同じ。もちろん、戦地に赴いて危険な任務につく自衛隊員が戦争を望まないのは当たり前です。彼らにも愛する親兄弟、大切な配偶者や子どもたちがいます。

戦争を避けるにはどうしたらよいか。そのためのもっとも現実的な方法が、抑止効果のある集団的自衛権なのです。この権利を行使する国には、いかなる国も容易に侵攻することはできません。

むしろ集団的自衛権は、戦争を避けるために行使するものと考えるべきで、**今回の平和安全法制は「戦争抑止法制」といえると思います**。

Q 憲法第9条があるかぎり集団的自衛権は行使できない？

A 集団的自衛権は国連が認める権利。憲法にも禁止する記述はありません。

憲法第9条が別名・平和憲法と呼ばれているため、このような誤解が生じているものと考えられます。

たしかに、憲法第9条は戦争の放棄を謳《うた》っています。

しかし、憲法第9条は侵略戦争を放棄しているのであって、どこにも集団的自衛権を行使できないとは書かれていません。

国連は「個別的自衛権」も「集団的自衛権」も認めています。日本も国連加盟国ですから、他国同様、当然これらの権利を有しています。たとえばタイ王国もパプアニューギニアも集団的自衛権を有しています。すなわち、日本が集団的自衛権を限定的とはいえ行使ができるようになると、戦争ができる国になるという論法はタイ王国を見てもわかるように、乱暴な主張だと思います。国連の理念と日本国憲法の理念は一致していなければならないはずです。

それを、日本政府が1954年に自衛隊を発足させた時、憲法第9条をよりどころに、日本を守る自衛の手段として自衛隊を認めたのです。

そして「個別的自衛権は認めるが集団的自衛権は認めない」という政府見解を1972年に出しました。

これはあくまでも当時の安全保障環境に照らした場合、自衛の措置には集団的自衛権は入らず、「自衛の上限は個別的自衛権です」との「あてはめ」をしたわけです。よって日本を取り巻く環境が厳しくなれば、「日本を守るために自衛の措置の上限に限定的な集団的自衛権は入ります」との「あてはめ」も理論上、可能となるわけです。

重ねていいますが、憲法第9条のどこにも集団的自衛権を認めないと読める部分はありませんし、そもそも**集団的自衛権は、侵略のための武力行使を認めるものではありません。**

Q 日本の平和憲法は世界から尊敬されているんじゃないの？

A 日本の憲法を知っていながら緊張関係にある国もあります。

戦後日本が平和でやってこられたのは、平和主義を掲げ、他国もそれを尊重してくれたからだ、という考え方ですね。その土台にあるのが、平和憲法であると。反対に、集団的自衛権を認めると、もう日本は平和主義じゃない＝尊敬できない、と他国から思われてしまうのではないかと恐れるわけです。

けれども、**武力の行使を否定する憲法をもった国は日本だけではありません。**だから、日本の憲法第9条だけが尊敬されている、などということはありません。

それ以前に、日本が平和憲法を掲げているかどうかなど、まったく知らない国はたくさんあるのです。仮に知っていたとしても、**そのことを理由に日本を攻撃するのは止めよう、などと考える国はありません。**

日本がこれまで平和でいられたのは、ずばり日米安保条約および自衛隊の汗のおかげといってよいでしょう。アメリカという強大な国と同盟を結んでいる日本には、うかつに手が出せないのです。

むしろ、平和憲法を掲げている以上、日本はよほどのことがないかぎり、やりかえしてこないはず。そう考えているのが、いまの中国や北朝鮮です。「平和主義」と現実の「平和」は違います。平和主義を掲げているから日本が平和になるわけではありません。

Q 紛争解決には武力より話し合いが大事なのでは？

A 話し合いは大事ですが、対等な関係は対等な軍事力があってこそ。

たしかに話し合いは大事です。話し合いで紛争が解決するなら、絶対にそのほうがよいと私も思います。

ですが、こういう問題が起こり得ます。

ふたつの国が、互いに領有権を主張し合う土地があり、一歩も譲らないとしましょう。そこで話し合いをすることになりましたが、片方の国はとても強い軍隊をもっています。しかし、もう片方の国は、その何十分の一程度の軍隊しかもっていません。

その場合、より強気な態度に出ることができるのは、強い軍隊をもっているほうの国です。その軍事力を利用して、近隣諸国を味方につけることだってできます。

理想論だけでは問題は解決しません。

対等な話し合いの場をつくるには、まず対等な軍事力をもつことも、現実の外交なのです。

強い武力を備えていても無闇にそれを行使せず、話し合いで紛争を解決しようとする国は、他国からも尊敬を集める場合も多いでしょう。

Q 集団的自衛権の行使はアメリカの片棒《かたぼう》を担《かつ》ぐだけでは？

A 日本がアメリカを自分たちの紛争に巻き込む可能性だってあります。

「片棒を担ぐ」には、計画に加わって協力する、という意味があり、多くは悪いことの意味で使います。たとえば悪事の片棒を担ぐ、といった感じです。

「アメリカの片棒を担ぐ」という言い方からは、さまざまな脅威にさらされている、あるいは脅威を与えているアメリカに対し、日本が助太刀するという上下関係でとらえようとする批判的な考えが読み取れます。

本来なら関わらなくてもすむアメリカの戦争に、日本が巻き込まれるおそれがあるというわけです。

しかし、尖閣の問題から明らかなように、**日本の防衛のためにアメリカを外向的にも、軍事的にも巻き込んだほうがよいケースもあります。**

日本が自らアメリカと協力関係を結ばなければ、アメリカもそんな日本と対等に付き合おうとは思わないでしょう。

有事になってはじめて協力しましょうと持ちかけても遅いのです。日ごろからのお付き合いが、いざというときの防犯、防災の助けになるという経験はみなさんもお持ちでしょう。国と国とのお付き合いも、それと一緒なのです。

Q 自分の国は自国の軍事力だけで守るべきでは?

A 個別的自衛権だけが存在する世界は軍拡競争を招きます。

もちろん、自分たちの国は自分たちの手で守るのが原則です。

ただし、ひとつの国でもつことのできる武力はかぎられています。

目の前にある他国からの脅威が強大なものだったら、それと釣り合うだけの武力をこちらも備えなくてはいけません。

それもある程度は必要なことでしょう。でも、相手が核保有国だったら、こちらも核を保有しないかぎり絶対に力のバランスはとれません。**すべての国が、この理屈で個別的自衛権だけを行使したら、世界中に軍拡競争が起きてしまいます。**

これは大変に危険なことです。国連が集団的自衛権を国の権利として認めているのも、こうした軍拡競争が世界で起きてしまわないようにするための、いわば抑止力があると考えているからです。

自国の軍事力だけを頼みにせず、他の国々と同盟を結ぶのは、決して恥ずかしいことでも、卑怯なことでもありません。

Q　アメリカと組むとテロの危険が増えるんじゃないの？

A　テロは世界のどこでも可能性あり。アメリカのノウハウは絶対に必要です。

これは、個別的自衛権と集団的自衛権と、どちらの権利を行使するべきかという議論ともつながってくる問題です。日本で起こるテロだけを問題にするのなら、個別的自衛権だけでも十分動けるでしょう。

アメリカと手を組むことで、アメリカと敵対する諸国や組織からテロの目標になる可能性はゼロではありません。

しかし、テロはアメリカだけで起こるものでもありません。国際テロというのは、アメリカだけでも、もちろん日本の周辺だけでもなく、ヨーロッパでも中東でも、アフリカでもアジアでも、どこでも起きる可能性があるのです。

そしてアメリカにもその他の国々にも、日本人はたくさん住んでいます。そうした我々の同胞を、見殺しにすることはできません。

そんなことをすれば、諸外国からも「日本とはそういう国なのだ」という目で見られてしまうでしょう。国際的に孤立することは明白です。国際社会の一員として、テロに毅然と立ち向かうことが大事なのです。グローバルなテロ対策は国際連帯がカギです。

また、大きなテロの被害を受けた経験のあるアメリカと協力体制をとることで、テロを未然に防ぐノウハウが得られるメリットのほうがはるかに大きいのです。

Q 武力行使ができなくても資金援助で国際協力できるのでは？

A 「お金は出すけど汗はかかない。でも守って」それでは周りの国々から信用されません。

たとえば、こんな状況を考えてみてください。

日本の近海で、日本の安全をおびやかす他国からの脅威が発生したとします。そこでアメリカが、同盟国である日本のために自国の軍隊を出動させました。

また別のとき、中東で、アメリカを含む国際社会の安全をおびやかす某国からの脅威が発生しました。けれども、個別的自衛権しか認めていない日本は、日本から遠く離れた地域の紛争であることを理由に、自衛隊の出動を見送りました。

自分の敷地内の安全を守るためには武力を使っても、仲間や国際社会の安全のためには汗をかかない。こういう国を、同盟国や国際社会はどういう目で見るでしょう。きっと「ひとりよがり」とか「信用ならない国」などと思われているはずです。

代わりに多額の資金援助をします、といっても、軍隊を派遣した国と、資金協力に徹した国とでは、感謝のされ方、信頼の受け方がまるで違います。

湾岸戦争のときがそうでした。日本は90億ドルもの資金を提供しましたが、終戦後、クウェート政府が感謝の意を表した国々の中に、日本の名前はなかったのです。

一方で、日本には憲法第9条があります。海外での武力行使やフルスペックの集団的自衛権は行使しませんが、憲法第9条の枠内で自衛隊による後方支援や人道支援、あるいは限定的な集団的自衛権の行使を可能にしたのが「平和安全法制」なのです。

Q 後方支援する場所が戦闘に巻き込まれる危険だってあるのでは？

A 前線と後方支援地域とでは危険度がまるで違います。

自衛隊の後方支援については、しばしば荒っぽい議論が展開されています。「危ない」「狙われる」と言われますが、実際に自衛隊が後方支援を行うのは「実施設区域」のみで、戦闘が行われていない場所の一部を実施区域とし、この中でしか活動できません。これは今までもこれからも変わりません。

現場は各部隊の責任区域が決まっており、たとえば自衛隊がA空港からB空港まで物資を運んだ後は、対象部隊（たとえば米軍）が自隊の輸送部隊で第一線に運びます。後方支援実施を「危険だ」という人は、前線で戦う米軍と、自衛隊が入り乱れて地べたを這いずり回り、武力行使に及ぶかのような状況を思い描いているのではないかと思います。

しかし、それは想像だけのフィクションにすぎません。そう説明しても、「兵站こそ狙われる」「糧道を断つのが戦争の常道だ」という論理を持ち出す人はいます。

確かに大きな戦争の常道ではあるでしょう。しかし国連のお墨付きがある、すなわち米英仏露中の支持を得て設立される多国籍軍への後方支援ですから、イラクやアフガニスタンでの例に見られるように、前線を通り越して後方にいる自衛隊を叩く能力を持つような相手との戦闘になる可能性は、ほぼないと言えます。

Q 他国の軍隊が敵から襲われた場所に駆け付けると、自分たちも危ないのでは？

A 駆け付け警護は日本の民間人や自衛隊員の救出が原則です。

他の国の軍隊が襲われていて、それを自衛隊が助けに行く。とうぜん爆弾や銃弾が飛び交う中での活動になる……こうした状況を想定して集団的自衛権の行使に反対する人たちもいます。いわゆる「駆け付け警護」の一例ですが、現実の世界としては想定しづらい状況です。普通、国連PKOで自衛隊が派遣される場所の近く、たとえば他国の歩兵部隊宿営地に、まともに攻撃が仕掛けられるようなことはありません。まず起きないといっていいでしょう。

さらに、軍隊が軍隊を守ることは、普通想定しません。軍隊は自分で自分の身を守るのが原則です。たとえば、本当に小さな部隊が襲われているときに、それを助けに行くということはありえます。しかし、複数の軍隊が重なっているところへ攻撃が仕掛けられることは普通ありえません。駆け付け警護というのは、通常現地の日本人やＮＧＯから救援要請があった場合や、同じ自衛隊員が危険にさらされた時に行うことを主に想定します。治安が安定していない地域に行くわけですから１００％安全でないことに違いはありませんが、**他国の軍隊を助けに行くのと一緒にするのは、あまりに現実離れした考えです。**平和安全法制について議論するにしても、その点はしっかり分けておく必要があります。

Q　自衛隊と軍隊はまったく別もの？

A　自衛隊の立場が曖昧なのは複雑な成立事情から。これからも議論が必要です。

この質問にお答えするには自衛隊の誕生についてお話しなければなりません。

そもそも「自衛隊」とはなにか？

先の大戦での敗戦後、日本は連合国軍の占領下におかれ、陸軍も海軍も解体されました。そこで結成されたのが自衛隊の前身、警察予備隊です。

憲法上からくる枠組みとしては「警察の大きなもの」と言っていいでしょう。単に国内の治安を守るだけでなく、当時、朝鮮半島では戦争が激しさを増してきており、最悪のケースを考えた場合、自衛のための必要最小限の戦力・装備が必要になってくるからです。本来ならば軍隊を再建するのが手っ取り早かったはずですが、憲法第9条の法的解釈が曖昧なまま、結成されてしまったわけです。

その後、保安隊への改組を経て、1954年7月1日、正式に自衛隊が発足。この段階で今と同じような組織の枠組みは整っていました。ただ、この時も法的な枠組みとしては「警察の大きなもの」のままで、そうした捻《ねじ》れた生い立ちが、現在まで尾を引いています。自衛隊を簡単に説明しなさいと言われたら**「軍隊のようで、軍隊ではないもの」**と答えるしかありません。

「そもそも自衛隊ってなに?」ということについて明確な回答を導き出せるよう、国民みんなで考える時期にさしかかっているのではないか、と思います。

Q　海外派遣された自衛官には自殺者が多いって本当？

A　一般の自殺率と比べても低いのが事実です。

海外派遣のリスクをいいたて、部隊をどう運用しているのかを知らずにただ「危ない」というイメージを打ち出したいだけの人たちから湧き起こる議論ですね。

イラクとインド洋に派遣された自衛官の自殺者の人数が発表されましたが、一部の野党はあえて「犠牲者」という言い方をしています。

派遣中の現場の努力もあり、全員が任務を遂行して無事に帰って来ましたが、帰国後、11年間の間にさまざまな要因から自ら命を絶った方が、インド洋派遣、イラク派遣を合わせて54人おられる、という数字です。これが独り歩きしています。

その中で実際に公務災害認定を受けたのは4人。派遣された自衛官のうちの54人という割合は一般の自衛官の自殺死亡率と比べても低く、また一般成人の自殺死亡率と比べても低いのが事実です。

派遣後11年の間に、さまざまな要因から不幸にも自ら命を絶たれた人まで「犠牲者」として、あたかも派遣と自殺に因果関係があったかのように結びつけてレッテルを貼る。イラクやインド洋への派遣が原因であるかのような印象を押しつけようとしているのです。

実際に現場に行かない人たちが、うわべの話だけであたかも自衛隊員の身を案じているかのようにリスクを論じている様子を、多くの自衛隊員は冷めた目で見ています。

Q 自衛隊は災害救助隊に変えるべきでは？

A 限界まで厳しい訓練をした自衛隊だからこそ、あらゆる事態に対処できるのです。

2011年3月11日に発生した東日本大震災では、およそ10万人の自衛官が救助活動、支援活動にあたりました。

そして、自衛隊が被災者のために、危険も疲労もいとわず必死に活動する姿を目の当たりにされ、多くの方からお褒めの言葉をいただきました。

そうした状況の中から、こんな声が上がることが考えられます。

「いっそのこと自衛隊は、災害救助部隊にしたらいいのでは？」

実はこれまでに何度も、そういった世論が巻き起こったことがあります。自衛隊の存在を快く思っていない人たちは、その論調に乗っかって自衛隊の解体や弱体化をはかります。

でも、**自衛隊の本来の任務はあくまでも「国を守る」ことです。**

国を守るための日々の訓練や演習は、常にこれで十分というものがありません。それだけ厳しいということです。

自衛隊が災害救助でがんばれたのも、厳しい訓練の成果を最大限に発揮できたからです。普段、災害救助を最大の目標にしていたら、訓練のグレードも下がることでしょう。結果として、「弱い自衛隊」になってしまい、あのような活躍はできなくなってしまうのです。

Q 自衛隊員の数は多すぎる？

A 自衛隊は人気ですが、予算と受け皿が小さい。有事のときに機能するにはいまの倍は必要。

先の質問で、自衛官は募集による志願制で対応できており、徴兵制は不要だという話をしました。これは本当です。しかし、実情をいうと、もともとの予算と受け皿が小さいため必要十分な人員を揃えられていないのです。

自衛隊の任務は「国を守る」ことです。そして、81ページの地図をご覧いただければわかると思いますが、四方を海に囲まれ、これだけ広い排他的経済水域をもつ日本を守るためには、**今の陣容では、あまりに手薄といわざるをえません。**

現在、自衛官の数は約24万人です。東日本大震災のとき、災害救助には10万人のレベルでの出動要請がかかることがわかりました。災害時に10万人が出動すれば、本来の国防の仕事に従事できる人数が、半分近くに減るわけです。これでは有事のとき、十分に機能できません。

私は有事には予備自衛官を含めて最低でも40万人が必要だと思っています。具体的には、

・陸上自衛隊20万人
・航空自衛隊10万人
・海上自衛隊10万人

最低でもこれくらいいなければ、有事の時に国を守りきれないと思います。

Q 自衛隊は外国の軍隊よりも弱い？

A 一概にはいえないが、データ上、決して弱いとはいえない。

自衛隊は専守防衛が基本なので、自分から攻撃するのは苦手。たぶん、そんなイメージから、他国の軍隊よりも弱いと考える人が多いのでしょう。

実はこれ、そう簡単に答えられる問題ではないのです。

ひとくちに強いといっても、強さにはさまざまな基準があります。保有する艦船の性能や、弾薬の量、隊員の数、予備兵力といった数値的なものから、それを運用する一人ひとりの能力、部隊全体での運用能力などなど。

どこの地域の軍隊と、どのような戦闘が行われるかで、同じ武力でも発揮できる力は変わることがあります。**有事法制、国民の協力といった支援体制を加えて判断すべきことでもあるでしょう。**

わかりやすく単純に武力を数値化するなら、日本の自衛隊が保有する艦艇は、総トン数で世界5~7位、作戦機の数は世界で20位、隊員の総数は世界30位といったところでしょうか。これは決して弱いといえる数字ではないと思いますが、みなさんはどう判断されますか?

Q 実戦経験のない自衛隊は海外では評価が低い?

A 目を見張る自衛隊の技術力と統率力。海外では高評価です。

なんとなく想像のつくうわさですね。

自衛隊は実戦に参加したことがない。だから、他国の軍隊よりもグレードが落ちるのだろう。そういうイメージなのでしょうね。

では、海外での評価は実際のところどうなのでしょうか。実は、**海外ではきわめて高い評価を受けているのです。**

その隊が日ごろからどれだけ厳しい訓練を受け、しっかりとした統率がとれているかは、細かいところに表れてきます。

たとえば、自衛隊の車両がやってきた時点で、海外の人たちはほかの組織とは明らかに違うと気づいてくれるそうです。

「直線、直角、3センチ以内」という正確無比な駐車方法を目の当たりにするからだと思います。日本の自衛隊は、他国の軍隊が「この程度でいいか」と妥協することでも、常に100点満点の仕事をすることを目標としています。車両の停め方ひとつにも、そんな彼らの姿勢がよく表れているのです。

明らかに他国の軍隊とは一線を画す高度な技術と乱れぬ統率力。自衛隊が海外で高い評価を受ける所以《ゆえん》です。

Q 自衛隊は実戦で使えるの？

A あらゆる事態に備え、覚悟をもって任にあたる気構えをもっています。

自衛隊であるか、軍隊であるかにかかわらず、隊員はみな、好んで戦闘に参加したいわけではありません。

しかし、それでも有事に備え、あらゆる状況に対処できるよう、日ごろから厳しい訓練を自らに課しています。自衛隊でも軍隊でも、その点は変わらないのです。

ですから、自衛隊員は実戦で使えるのか？　と聞かれれば、**私は自信をもって実戦にしっかりと対応できます**、と答えます。いま、目の前に紛争状態があるからということで、初めて実戦訓練を行うわけではないのです。

そこには、**「国民の安全を守るためなら、命をかけることもいとわない」**という精神的な部分も含まれます。

自衛隊員は全員、入隊時に**「事に臨んでは危険を顧みず、身をもって責務の完遂に努める」**と宣誓しています。ただし、法律がなければその中身の訓練ができません。だからこそ法整備が必要になるわけです。

繰り返しになりますが、日ごろ訓練していないことは実戦で使えません。事前に準備した以上のことは本番ではなかなかできません。その点、自衛隊員はあらゆる事態を想定して厳しい訓練を行っているので、その意味では「使える」という結論になると思います。

おわりに　未来の日本を担うみなさんへ

これで日本の安全保障に関する私の授業は、ひとまずおわりです。

「集団的自衛権は〝戦争する権利〟ではない」

「集団的自衛権とは平和を維持する〝抑止力〟である」

ということを、この本を読み終えた今のみなさんなら理解しているものと思います。

集団的自衛権を限定的に行使できるようになったからといって、自衛隊が戦争を始めることはありませんし、ましてや国民が徴兵制によって無理やり〝兵士〟にさせられるなどということは、断じてありません。

われわれ政治家には、国と国民の安全を守るという大義があります。そのための手段として、戦争などまるで割に合わないものだということもおわかりいただけたでしょう。そのことを知っていただけただけでも、本書を綴った甲斐があるというものです。

しかし、安全保障についての議論は、やっとスタートラインについたばかり。私たちが先人から受け継いできた美しい日本を、そして、過去二度の悲惨な大戦を乗り越えて国際社会が築き上げてきた秩序を受け継いでいくのは、若いみなさんです。自分たちの未来を自分たちの意志で選択し、胸を張ってこれからの社会を引っ張っていってください。

いまはまだピンとこないかもしれませんが、国際情勢は刻一刻と動き続けています。安全保障は「備え」ですからハッキリと効果が目に見えるというものではありません。しかし、それらは「布石」としてさまざまな場面に生きてきます。「ああ、ヒゲの隊長が言っていたのは、こういうことか」と思うようなことが起こらないともかぎりません。

どうか、国会で議論されている平和安全法制の動向に、みなさんも注目してください。そして、この問題に関心がある人もない人も、お互いにフレッシュな頭脳で積極的に議論していただければと思います。

私たち政治家にできるのは、あくまでその道筋をつけるお手伝いをすることです。

これからも精進することを約束し、おわりの言葉とさせていただきます。

２０１５年８月吉日　佐藤正久

高校生にも読んでほしい
安全保障の授業

著者　佐藤正久

2015年8月25日　初版発行

カバー装丁　FROG KING STUDIO
本文装丁　PUSH

カバーモデル　芋生 悠（ステッカー）
撮影　京介
スタイリング　齋藤奈津美
ヘアメイク　城江陽子

校正　玄冬書林
取材協力　オフィスモザイク
編集協力　ヴュー企画（池上直哉）
編集　岩尾雅彦（ワニブックス）

発行者　横内正昭
編集人　青柳有紀
発行所　株式会社ワニブックス
〒150-8482
東京都渋谷区恵比寿4-4-9　えびす大黒ビル
電話　03-5449-2711（代表）
03-5449-2716（編集部）
ワニブックスHP　http://www.wani.co.jp/

印刷所　株式会社 美松堂
DTP　株式会社 三協美術
製本所　ナショナル製本

ISBN 978-4-8470-9369-2